V&R

Dienst am Wort

Die Reihe für Gottesdienst und Gemeindearbeit

94
Kirche mit den Allerkleinsten

Vandenhoeck & Ruprecht
in Göttingen

Kirche mit den Allerkleinsten

KRABBELGOTTESDIENSTE

Charlotte Scheller
Amélie Gräfin zu Dohna

Mit zahlreichen Abbildungen

Vandenhoeck & Ruprecht
in Göttingen

Die Deutsche Bibliothek – CIP-Einheitsaufnahme

Scheller, Charlotte:
Kirche mit den Allerkleinsten : Krabbelgottesdienste /
Charlotte Scheller/Amélie Gräfin zu Dohna. –
Göttingen : Vandenhoeck und Ruprecht, 2002
(Dienst am Wort : 94)
ISBN 3-525-59501-8

© 2002, Vandenhoeck & Ruprecht in Göttingen
http://www.vandenhoeck-ruprecht.de
Printed in Germany. – Das Werk einschließlich aller seiner Teile ist
urheberrechtlich geschützt. Jede Verwertung außerhalb
der engen Grenzen des Urheberrechtsgesetzes ist ohne
Zustimmung des Verlages unzulässig und strafbar.
Das gilt insbesondere für Vervielfältigungen, Übersetzungen,
Mikroverfilmungen und die Einspeicherung und Verarbeitung
in elektronischen Systemen.
Satz: Weckner Fotosatz GmbH, Göttingen
Druck und Bindung: Hubert & Co., Göttingen

Inhalt

Brief an meine Kirchengemeinde

Liebe Kirchengemeinde,
als ich ein kleines Mädchen war, bin ich gern mit den Großen in die
Kirche gegangen. Ich mochte die Lieder, den Klang der Orgel, die
geheimnisvollen Farben, in denen die Sonne durch die Kirchenfenster
leuchtete, den Duft und das Licht der Kerzen am Altar. Die Donner-
stimme des Pastors beeindruckte mich ebenso wie das gewaltige Raunen,
wenn alle das Vaterunser sprachen. Die Predigt allerdings kam mir
damals meist sehr lang vor, und so begann ich, mit den Beinen zu
baumeln, in meinen Manteltaschen zu kramen und leise vor mich hinzu-
summen. Ich erinnere mich, dass meine Großeltern mich dann er-
mahnten – aber nicht, dass sie mit mir die Kirche verlassen hätten. Nach
dem Gottesdienst wurden meine Großeltern dann häufig angesprochen:
Schön, dass Sie die Kleine mitgenommen haben – aber gefällt es ihr
denn in der Kirche?

Ja, es gefiel mir. Und ich habe auch später immer wieder die Kirche als
einen Ort erfahren, an dem ich willkommen bin – ohne Wenn und Aber
und so, wie ich bin. Und nun ist Moritz da. Seine Taufe vor anderthalb
Jahren in unserer Kirche werden wir nicht vergessen. Uns war es wichtig,
ihm und uns die Nähe Gottes und seinen Segen zusprechen zu lassen.
Hier in unserer Gemeinde, in die er – so wünschten wir es uns – einmal
hineinwachsen soll. Hier in unserer Kirche, in der er sich angenommen
und wohlfühlen soll. Und so ist es auch. Moritz, nun bald zwei Jahre alt,
geht gern in die Kirche. Allerdings geht er auch gern mal ein paar Schritte in ihr herum. Er mag die Musik, die Lichter, die lauten und leisen
Stimmen – und er mischt gern seine eigene Stimme darunter. Da kann
schon mal, während einer Lesung etwa, ein fröhliches Kreischen erklingen. Besser also, wir schleichen uns 'raus…

Unten, in der Sakristei, finden wir andere Eltern mit ihren kleinen
Störenfrieden. Während die Lautsprecher die Predigt überträgt, schauen
die Kinder Bilderbücher an und sortieren die Zahlen für die Liedtafeln
neu. Wir Großen finden ein paar Gesangbücher. Unsere dünnen
Stimmen vereinen sich nach der Predigt mit denen der Gemeinde oben.
Die Kinder werden still und kuscheln sich an. Schön – aber zum Segen
will ich wieder oben sein. Ich entwinde Moritz' kleinen Händen die
Liedtafelzahlen, schleppe ihn die Treppe hoch in den Kirchenraum und
stelle uns beide hinter die Stuhlreihen und unter den Segen Gottes. Auch

Jesus hat schließlich die Kinder gesegnet, und zwar „life". „Lasset die Kinder zu mir kommen und wehret ihnen nicht, denn solchen gehört das Himmelreich", hat er gesagt. Damals war ihre Anwesenheit dort, wo von Gott geredet wird, wohl noch weniger selbstverständlich als heute. Mein Moritz hat sich inzwischen losgemacht. Mit leuchtenden Augen läuft er nach vorn – dahin, wo das Licht ist.

Kinder gehören dazu. Im Alltag – und da, wo gefeiert wird. Auch da, wo Gottesdienst gefeiert wird! Wo die Kleinen nicht willkommen sind, werden sich auch ihre Eltern auf die Dauer nicht zu Hause fühlen. Und sie werden sich auf die Suche machen – nach einer Kirche, in der die Kinder von Anfang an dazugehören.

So, meine liebe Gemeinde – das war's erstmal. Ich musste es mal loswerden.

Herzlichst – deine Charlotte Scheller

Taufpredigt für Johannes

Liebe Eltern und Paten, liebe Gemeinde!

Das Kinderevangelium gehört zu jeder Taufe.
Es ist eine schöne Jesusgeschichte für Kinder, ein einprägsames Bildmotiv in Kinderbibeln, Stoff für Kindergottesdienste. Aber es richtet sich an Erwachsene und ist gar nicht so süßlich, wie es oft ausgemalt wird. Stellen wir uns ihm!
Es spricht zu Erwachsenen, weil sie Verantwortung für Kinder haben, religiöse, geistliche Verantwortung. Sie können Kinder zu Jesus hinführen wie – ja, wer bringt eigentlich die Kinder in der Geschichte zu Jesus?
Das wird nicht gesagt.
„Sie" brachten Kinder zu Jesus. Eltern? – schön wäre es, wenn wir alle uns darin wiederfinden könnten: Großeltern, Paten, Verwandte und Freunde, Pastoren, Erzieherinnen und Lehrer, Gemeindemitglieder. Sie bringen die Kinder.
Die Kinder kommen nicht allein. Sie müssen zu Jesus gebracht werden, sie müssen an den christlichen Glauben herangeführt werden, mit ihren vielen Fragen, mit ihrem Wissens- und Erfahrungsdurst in die richtige Richtung gelenkt werden.
Eltern und all die anderen nehmen Einfluss auf die Kinder, egal wie sie sich verhalten.
Es ist den Kindern angemessen, dass Jesus sie anrühren soll, sie lernen Neues kennen durch Berühren, Begreifen, Erleben.
In der Geschichte gibt es aber auch Erwachsene, die die Kinder von Jesus fernhalten wollen.
Das kann unterschiedliche Gründe haben.
Es gibt unfromme Gründe.
Manche halten Kirche und Christentum für Kinderkram. Sie fühlen sich zu gebildet dafür und wollen, dass auch ihre Kinder aufgeklärte Zeitgenossen werden. Sie lehnen den Glauben vielleicht noch nicht einmal überzeugt ab, sie finden ihn nur belanglos, nichts für sie.
Es ist wichtig, dass die Eltern hinter dem stehen, was sie ihren Kindern vermitteln.
Weil manche Kinder so aufwachsen, dass sie mit dem christlichen Glauben kaum in Kontakt kommen, nicht mehr selbstverständlich in ihn hineinwachsen, gibt es Vorbehalte gegen die Kindertaufe. Kinder

werden nicht in jedem Fall zum christlichen Glauben hingeführt, auf den sie getauft sind.

Die Jünger dagegen haben fromme Gründe, die Kinder von Jesus abzuhalten.

Sie meinen zu wissen, was gut für ihn ist und was er will. Sie denken, er ist gekommen, um den Menschen eine Lehre zu bringen, die man verstehen können muss. Sie grenzen aus.

Jesus ist unwillig über ihre Anmaßung. „Lasst die Kinder zu mir kommen!" Das spricht entschieden für die Kindertaufe: Jesus selbst ruft sie zu sich, bedingungslos.

Es geht nicht um eine verstehbare Lehre. Menschen können und dürfen keine Grenzen ziehen, sie können nicht beurteilen, wer reif dafür ist, zu Jesus gelassen zu werden und wer nicht.

Keiner kann das von sich selbst feststellen und keiner von einem anderen. Jesus allein beurteilt das und er sagt selbst bei den Unmündigen, Kleinsten, lasst sie zu mir kommen. Solchen gehört das Reich Gottes.

Haben die Erwachsenen keine Chance oder sollen sie künstlich naiv und kindlich werden?

Manchmal wird diese Geschichte gegen die Erwachsenen ausgespielt, zum Beispiel, wenn es mit Kindern im Gottesdienst schwierig ist. So kann es aber nicht gemeint sein, als dürften wir alle nur noch Krabbelgottesdienst feiern.

Verstehen, theologisches Verstehen hat seine Bedeutung und sein Recht, aber nur, wenn es die Kinder mit einschließt, auch wenn sie selbst es noch nicht begreifen und gleichzeitig nebenan Kindergottesdienst feiern. Die Theologie muss selbstkritisch bedenken, dass die Erwachsenen im Reich Gottes keinen Vorrang vor den Kindern haben.

„Wer das Reich Gottes nicht empfängt wie ein Kind, der wird nicht hineinkommen."

Die Kinder sind ein Gleichnis. An ihnen soll etwas deutlich werden.

Kinder können Geschenke annehmen, ohne dass es ein Können ist.

Sie nehmen einfach an. Sie nehmen alles, was sie brauchen, selbstverständlich und vertrauensvoll hin. Sie rechnen nicht Aufwand und Effekt, Kosten und Ertrag gegeneinander auf. Abhängig und hilflos sind sie und verstecken das nicht verschämt, sondern zeigen das unmittelbar. Das ist das Rührende an Kindern. Das ist aber auch das Anstrengende an Kindern. Ohne Rücksicht fordern sie, was sie brauchen, oft unbescheiden und egoistisch. Aber nur ein Unmensch verweigert es ihnen.

Solchen gehört das Reich Gottes.

Gott gegenüber sind wir alle Kinder, ob ahnungslos oder verständig.

Das sollen wir akzeptieren so selbstverständlich wie die Kinder.

Das ist nicht leicht, und wenn wir uns darum bemühen, gelingt es um so weniger.

Unser Wissen, Wille und Verstehen wird uns immer im Weg stehen, wenn es um das Reich Gottes geht.

Selig sind die Kinder.

Wenn wir wissen, dass unser Wissen es nicht ist, das uns zu Gott bringt, wenn wir verstehen, dass das Reich Gottes unverstehbar ist, dann haben wir uns ihm auf erwachsene Art genähert.

Weiter kommen wir nicht mit unserem Nachdenken. Der Weg zum Reich Gottes wird nicht von uns geebnet, sondern von Jesus. Er ist der Weg, die Wahrheit und das Leben.

All unser erwachsenes Denken kann die Kinder, kann uns selbst nicht endgültig von ihm fernhalten. Er nimmt die Kinder auf den Arm, legt ihnen die Hände auf, segnet sie. Er hält nicht eine kindgemäße Bibelstunde, um das Verstehen geht es ja nicht.

Vieles von dem, womit wir gedanklich und sprachlich, wissenschaftlich und praktisch umgehen, verstehen wir nicht wirklich. Und wir wären arm, wenn wir nur mit dem in Berührung kommen dürften, was wir verstehen können.

Jesus kommt den Kindern persönlich entgegen, er erbittet Gottes Heil für sie und spricht es ihnen zu in seinem Segen.

Die Kinder sind ein Beispiel dafür, dass Jesus sich den Schwachen, Armen, Unmündigen, Unverständigen, Hilfsbedürftigen zuwendet.

Ob wir ins Reich Gottes kommen?

Versuchen wir, nicht darüber nachzudenken, sondern es selbstverständlich anzunehmen wie Kinder das Lebensnotwendige.

Amen.

Amélie Gräfin zu Dohna

A

GRUNDLEGUNG

Taufe – und was dann?
Die Kirchengemeinde in der Verantwortung

1. Warum wir Kinder taufen

Die Kindertaufe ist biblisch nicht eindeutig belegt, dennoch lässt sie sich aus der Bibel begründen und theologisch verantworten. Das Kinderevangelium ist einer der Schlüsseltexte und wird bei Taufen in der Regel vorgelesen.

Die Taufe kleiner, unmündiger Kinder bringt zum Ausdruck, dass dieses Sakrament an keine Vorleistung des Menschen gebunden ist. Es wird keine bewusste Entscheidung zum christlichen Glauben verlangt, die aber auch schwer zu fällen ist. Wann ist jemand reif und würdig genug, sich taufen zu lassen? Von diesen Skrupeln, von Selbsterforschung und Glaubensprüfung entbindet die Kindertaufe. Sie erfordert keine Vorleistung vom Täufling, aber doch eine lebenslange Nachbereitung.

2. Taufe im Leben der Gemeinde

Die Kindertaufe ist ein wichtiger Berührungspunkt junger Eltern mit ihrer Kirchengemeinde. An einem biographisch bedeutsamen Wendepunkt, wenn aus einem Paar eine Familie wird, bietet die Taufe Anlass zu seelsorgerlicher und theologischer Begleitung. Sie gibt zugleich Gelegenheit, über grundlegende Fragen und Inhalte des christlichen Glaubens ins Gespräch zu kommen.

Für die Eltern ist die Taufe verbunden mit großer Freude über die Geburt des Kindes und mit Dankbarkeit, die auch an Gott gerichtet ist. Nicht selten treten gesundheitliche Probleme im Zusammenhang mit der Geburt auf. Die neue Lebenssituation nach der Geburt des ersten Kindes macht Paaren auch zu schaffen. Junge Eltern sehen Probleme und Gefahren auf ihr Kind zukommen und verbinden mit der Taufe den Wunsch, Gott möge das Kind und sie selbst – auch um des Kindes willen – beschützen und begleiten.

Selten ist im Blick, dass das Kind mit der Taufe in die christliche Kirche aufgenommen wird. Oft wird gesagt: Das Kind soll sich später selbst entscheiden.

Aber die Taufe kann nicht rückgängig gemacht werden, auch nicht durch Kirchenaustritt. Das ist nicht nur ein Kirchenmitgliedschaftsproblem. Die Kinder sind durch die Taufe in eine Lebensentscheidung gestellt, ob sie ihre Taufe annehmen oder ablehnen. Theologisch gesprochen ist das die Entscheidung zwischen Gericht und Gnade.

Der Glaube der Eltern kann nicht in Frage gestellt werden, wenn sie ihn bekennen, und die Ernsthaftigkeit ihres Taufbegehrens kann nicht überprüft werden. Dennoch lädt die Kirche Schuld auf sich, wenn sie Kinder tauft, von denen zu erwarten ist, dass sie nicht in den christlichen Glauben hineinwachsen. So muss die Gemeinde selbst, stärker als in früheren Zeiten, Verantwortung für die Hinführung der Kinder zum Glauben übernehmen.

3. Die Taufeltern

Nach wie vor ist die Kindertaufe ein „Renner" im volkskirchlichen Angebot.

Eltern mit einem distanzierten Verhältnis zur Kirche wünschen oft die Taufe ihrer Kinder als Säuglinge. Dagegen neigen Eltern, die der Kirche intensiver verbunden sind, eher dazu, ihre Kinder erst nach ein paar Jahren taufen zu lassen, wenn sie es bewusst miterleben oder sogar selbst entscheiden können. Bis dahin machen sie sie mit dem christlichen Glauben bekannt.

Manches spricht für eine Taufe der Kinder im Alter von 4-10 Jahren. In diesem Alter sind sie noch unbefangen und offen für die kirchliche Feier. Sie können sich später daran erinnern. Bei der Gestaltung des Gottesdienstes können sie mitwirken, Lieder und ihren Taufspruch aussuchen. Manchmal kann die ganze Schulklasse oder Kindergartengruppe teilnehmen und mitwirken.

Bei kirchlich distanzierteren Eltern steht hinter dem Taufwunsch oft ein magisches Verständnis der Taufe, die deshalb möglichst im Säuglingsalter geschehen soll. Sie wird mehr oder weniger bewusst als Schutz- und Abwehrritus angesehen, der für sich wirkt und keine weitere Verpflichtung nach sich zieht.

Es ist ihnen meist deutlich, dass sie hier stellvertretend Verantwortung für ihr Kind übernehmen. Dass das aber auch bedeutet, mit dem eigenen Glauben für das Kind einzustehen, es dahin zu führen, dass es seine eigene Taufe bejahen kann, ist ihnen oft nicht bewusst oder es überfordert sie, weil ihnen die entsprechende Prägung fehlt.

Immer mehr Eltern haben Schwierigkeiten, einen Paten zu finden, der Mitglied der Kirche ist. Nicht selten ist ein Elternteil ebenfalls ausgetreten. Trotzdem bezeichnen die Eltern, die ihr Kind taufen lassen wollen, sich als gläubig, auch wenn sie gegen die Institution Kirche Vorbehalte formulieren. Das Taufgespräch mit solchen Eltern hat viel an Erklärung und Unterweisung zu leisten, Anregungen zu geben für die christliche Erziehung. Es ist damit überfrachtet. Weitere Gesprächsmöglichkeiten sind deshalb wünschenswert. Die Eltern müssen selbst überhaupt erst Erfahrungen mit Glaubensinhalten sammeln, bevor sie sie an ihre Kinder weitergeben können. Dazu reichen einzelne Anregungen nicht aus. Einübung ist nötig.

4. Getauft – und dann?

Die Taufeltern erleben die Begegnung mit dem Pfarrer meist als gut und die Taufe selbst als ein schönes und irgendwie ergreifendes Fest in der Kirche. Aber danach bricht in den überwiegenden Fällen der Kontakt ab. Möglicherweise gibt es Berührungspunkte durch einen kirchlichen Kindergarten, zu Weihnachten oder beim Einschulungsgottesdienst. Doch bis zum Konfirmandenunterricht bleibt der Kontakt zur Kirchengemeinde punktuell. Auch nimmt die Zahl der getauften Kinder, die überhaupt nicht zum Konfirmandenunterricht kommen, zu.

Wir nehmen also den Eltern und Paten bei der Taufe ein Versprechen ab, von dem wir bei vielen wissen, dass sie es kaum halten werden. Diese volkskirchliche Entwicklung belastet das Gewissen vieler Pfarrer. Nicht wenige reagieren mit Gesetzlichkeit oder Oberflächlichkeit.

Manche Eltern verunsichert es, dass bei der Taufe Ansprüche an sie herangetragen werden, zum Teil auch undeutlich vermittelt, ohne dass sie wüssten, wie sie damit umgehen können.

Da wir die gesellschaftliche und gesamtkirchliche Situation nicht ändern können, müssen wir als Kirchengemeinde mit unseren Möglichkeiten einstehen. Die Gemeinde hat Verantwortung für das taufende Handeln in ihrer Mitte und für die Kinder, die sie tauft. Die Kinder sind durch ihre Taufe vollgültige Mitglieder der Gemeinde. Aber auch für die ungetauften Kinder in ihrem Bereich hat die Kirchengemeinde eine Verantwortung.

5. Herausforderung an die Kirchengemeinde

In den letzten Jahren hat es zu der Frage, wie die Volkskirche in einem entkirchlichten Umfeld mit der Kindertaufe verantwortlich umgeht, von verschiedenen Arbeitsstellen und Theologen Anregungen gegeben. Einige Vorschläge richten sich an die Eltern, einige an die Gemeinden. Alle Angebote der Gemeinde, die auf die getauften Kinder abzielen, müssen zunächst die Eltern im Blick haben. Kindgerechte Veranstaltungen allein genügen nicht. Gesprächsangebote und Informationsabende, die auf die Fragen und Bedürfnisse der Eltern eingehen, sind wichtig. Sie müssen mit ihren Erfahrungen und dem, was ihnen an Erfahrungen fehlt, ernst genommen werden. Das hat Auswirkungen auf das, was sie an ihre Kinder weitergeben.

Mit der Kindertaufe übernimmt die Gemeinde doppelte Verantwortung. Sie muss Kinder und Eltern für den Glauben interessieren, sie darin unterweisen, begleiten, stärken, einüben. Es gibt viele Angebote in den Kirchengemeinden, die Erwachsene und kleine Kinder direkt oder indirekt mit einbeziehen: Familiengottesdienste, Familienfreizeiten, Kinderbibelwochen, Kindergottesdienst, Kindergruppen, Kinderfreizeiten, religionspädagogische Gespräche und Seminare, Eltern-Kind-Gruppen.

6. Kinder im Glauben

Erwachsene können in Glaubensdingen von Kindern lernen. Den Satz Jesu: „Wer das Reich Gottes nicht empfängt wie ein Kind, der wird nicht hineinkommen", sollten Erwachsene nicht auf die leichte Schulter nehmen.

Kinder und Erwachsene bereichern einander im Glauben, regen sich gegenseitig an und lernen voneinander. In der Gemeinde können Taufen ein Anknüpfungspunkt sein, der die Generationen verbindet. Die Taufe kleiner Kinder ist für die Getauften immer zugleich Tauferinnerung, Vergegenwärtigung der eigenen Taufe. Das spricht für die Taufe im Gemeindegottesdienst. Taufen in der Osternacht sind ausdrücklich mit der Tauferinnerung verbunden.

Zunehmend wird in Gemeinden die Frage nach der Zulassung von Kindern zum Abendmahl diskutiert. Darüber lässt sich streiten. Das berechtigte Anliegen dabei ist, die Kinder als vollgültige Gemeindeglieder ernst zu nehmen. Das Geheimnis des Glaubens, das in Brot und Wein beschlossen liegt, kann auch ein konfirmierter Christ nicht grundsätzlich besser erfassen als ein getauftes Kind.

7. Krabbelgottesdienste

Die Kindertaufe geht davon aus, dass Kinder in ein christlich geprägtes und prägendes Umfeld hineinwachsen. Dazu gehören Tischgebete, Morgen- und Abendgebet, Erzählen biblischer Geschichten, Vorlesen aus der Kinderbibel, gemeinsames Singen christlicher Kinderlieder und Choräle. Nur in wenigen jungen Familien wird das noch gepflegt. Die

Unsicherheit im Umgang mit diesen Formen ist groß. Sie bedarf mehr der Übung als der Erklärung. Die häusliche und familiäre Einübung in den christlichen Glauben kann die Gemeinde nicht ersetzen, aber sie kann Hilfestellungen geben.

Die Krabbelgottesdienste richten sich an die Allerkleinsten und deren Eltern, um den meist guten Kontakt, der im Zusammenhang mit der Taufe entstanden ist, fortzuführen und nicht wieder abbrechen zu lassen.

Aus Büchern, Elternbriefen, Seminaren lernen Eltern nur begrenzt für die christliche Erziehung ihrer Kinder. Schwierig ist es umzusetzen, was dort angeregt wird. Wie soll man mit Kindern beten, wie bestimmte biblische Geschichten erzählen, wie mit ihren Fragen und Ideen umgehen?

Im Krabbelgottesdienst können Eltern sich abgucken, wie andere es machen, ohne ihre Unsicherheiten benennen oder ausdrücklich fragen zu müssen.

Sie sehen, hören und erleben mit, wie die Gebete im Gottesdienst kindgerecht formuliert sind, sie lernen das Vaterunser, lernen Lieder, hören, wie biblische Geschichten erzählt und für die Kinder ausgelegt werden. All das kann zur Nachahmung anregen. Besonders intensiv ist die Auseinandersetzung für die Eltern, die sich an der Vorbereitung beteiligen.

Die Eltern können viele Bestandteile des Krabbelgottesdienstes unmittelbar für zu Hause übernehmen. Möglicherweise möchten die Kinder die Lieder, Gebete und Geschichten aus dem Krabbelgottesdienst auch zu Hause singen, nachsprechen und erzählt bekommen.

Kleine Ansprachen an die Erwachsenen im Krabbelgottesdienst sind zu empfehlen, soweit sie die Geduld der Kinder nicht überstrapazieren. Damit wird den Eltern deutlich, dass es auch um sie geht, dass Kirche nicht nur etwas für Kinder ist. Sie werden angeregt, die Geschichten auch auf ihre eigene Situation zu übertragen.

Durch regelmäßige gemeinsame Gottesdienste werden der Raum und die Rituale für die Krabbelgottesdienst-Gemeinde etwas Vertrautes. Mögliche Fremdheitsgefühle der Erwachsenen und der Kinder in Kirche und Gottesdienst schwinden, zunehmend kennen sie sich aus und fühlen sich zu Hause.

Die Eltern lernen sich untereinander kennen, der Kontakt zu den Pastoren wird selbstverständlicher. Die Isolation, in der sich junge Kleinfamilien in der Stadt oft befinden, nimmt ab. Beim anschließenden Zusammensein besteht die Gelegenheit zum Austausch und Gespräch auch über religiöse Fragen, die sich zwanglos im Anschluss an den Krabbelgottesdienst ergeben.

Mit kleinen Kindern Gottesdienst feiern – Religionspädagogische Denkanstösse

1. Die Zielgruppe

Krabbelgottesdienste sind Angebote für Familien mit kleineren Kindern vom Säuglings- bis zum Vorschulalter. Sie richten sich somit ebenso an die erwachsenen Familienmitglieder wie an die Kinder.

Die *Erwachsenen* verbindet die Verantwortung für die Kinder. Deren Erziehung gibt Anlass, neu über das „Woher und Wohin" des Menschen nachzudenken. Das Bedürfnis, dies im Rahmen der kirchlichen Aktivitäten zu tun, ist unterschiedlich stark. Eltern-Kind-Gruppen finden häufig in den Räumen einer Kirchengemeinde statt und sind z.B. bei Gemeindefesten und -basaren vertreten; das bedeutet aber nicht, dass die Generation der Eltern dadurch stärker in das Gemeindeleben integriert wäre. Die Wenigsten besuchen den sonntäglichen Gottesdienst oder nehmen, von der Taufe der Kinder abgesehen, an den traditionellen Angeboten der Kirchengemeinde teil.

Als Mutter habe ich an einigen Eltern-Kind-Gruppen teilgenommen und hier Gesprächspartnerinnen und -partner für fast alle Fragen und Herausforderungen gefunden, die das Leben mit kleinen Kindern an die jungen Eltern stellt. Der Glaube und die Frage, ob und wie man mit den Kindern beten und von Gott reden könne, kamen jedoch auch in kirchlichen Gruppen nur selten zur Sprache. Nach wie vor wird offensichtlich die Religion als etwas besonders Intimes empfunden. In diesem Bereich liegt vielen, wohl auch in Erinnerung an die eigene Kindheit, die Gestaltung der „kirchlichen" Feiertage am nächsten. Der Wunsch, Weihnachten, Ostern, Erntedank und Nikolaustag mit den Kindern festlich zu begehen, wird zum Anlass, sich über die damit verbundenen christlichen Inhalte und Traditionen Gedanken zu machen. Viele Eltern habe ich diesbezüglich als vorsichtig Suchende erlebt. Sie wünschen sich von der Kirche Informationen und Anregungen, möchten aber nicht vereinnahmt werden.

Generell werden Angebote, bei denen Familien mit Kleinkindern willkommen sind, gern angenommen. Die meisten Eltern sind daran interessiert, nachbarschaftliche Kontakte zu knüpfen oder zu intensivieren und mit Menschen in ähnlicher Lebenssituation zusammenzukommen. Von der Kirche erwarten sie, dass sie Räume bereitstellt, in denen Eltern und Kinder sich in größerer Runde treffen können und dass sie Hilfestellung für die religiöse Erziehung der Kinder gibt. Wer in der eigenen Kindheit und Jugend negative oder gar keine Erfahrungen mit Gebeten, christlichen Liedern, biblischen Geschichten und Gottesvorstellungen gemacht hat, ist unsicher, was er seinem Kind nahe bringen soll – und wie das geschehen kann. Darüber zu sprechen, erfordert aber, wenn das Gespräch nicht oberflächlich bleiben soll, ein gewisses Maß an Offenheit. Deshalb werden Elterngesprächsrunden zu Themen der christlichen Erziehung nach unserer Erfahrung in der Gemeindearbeit dann wahrgenommen, wenn die teilnehmenden Eltern sich aus anderen Zusammenhängen kennen – und wenn klar ist, dass die eigenen Fragen und Zweifel hier Raum finden, aber auch in diesem Raum bleiben.

Vor allem aber erwarten Eltern, dass die Kirchengemeinde selbst einen guten Teil der religiösen Erziehung der Kinder leistet, und zwar so, dass sie den Kindern Spaß macht.

Die Kinder sind im Kleinkindalter stärker auf die erwachsene Bezugsperson ausgerichtet als auf ihre Altersgenossen. Trotzdem sind sie in der Regel gern mit anderen Kindern zusammen. Sie schwanken zwischen dem Bedürfnis nach Geborgenheit und dem Drang, die Welt zu entdecken. Kleine Kinder begreifen und verstehen mit allen Sinnen. Die sprachlichen Ausdrucksmöglichkeiten sind noch begrenzt. Sie verstehen erheblich mehr, als sie schon in Worte fassen können, verfügen über eine ausdrucksvolle Körpersprache und über verblüffend genaue Sinneswahrnehmungen. Mit dem manchmal fast stereotyp wiederholten „Warum…?" wollen sie nicht nur die Zusammenhänge dessen erfragen, was sie wahrgenommen haben, sondern auch das Gespräch mit den Erwachsenen in Gang halten.

Auf die Kirche sind kleine Kinder – wie auf alles andere – vor allem neugierig. Der große Raum beeindruckt und verlockt zum Erforschen. Mein inzwischen dreijähriger Sohn verhält sich in Kirchenräumen, die ihm fremd sind, immer wieder ähnlich: Zunächst durchmisst er den Raum, wenn möglich, mit vorsichtigen Schritten und bleibt dabei an meiner Hand. Dann geht er, schon etwas schneller, zum Ausgang zurück, um von dort aus noch mehrmals in der Kirche hin und her zu rennen. Schließlich wecken ausgewählte Einzelheiten sein Interesse: die Kugel mit den Kerzen in unserer modernen Kirche, die Orgel, eine Nische in der Mauer einer alten Dorfkirche, die Glocken im Turm und vieles mehr. Auf eine dieser Einzelheiten konzentriert er sich – zumindest für einen Besuch – und möchte möglichst viel darüber erfahren. Er möchte herausfinden, wie der Leuchter aussieht und funktioniert, wie die Orgel klingt, in Gang zu setzen und auszuschalten ist, woraus die Mauer besteht und ob er selbst in die Nische passt. Er möchte wissen, wozu die Dinge da sind, was sie uns Erwachsenen bedeuten und welchen Platz sie im Gottesdienst haben.

Obwohl bereits Dreieinhalbjährige versuchen, zwischen Realität und Fiktion zu unterscheiden („gibt es Drachen in echt?"), nehmen Kinder im Alter von bis zu sechs oder sieben Jahren die biblischen Erzählungen, die Bilder und Symbole des Glaubens wörtlich. Wenn Gott zu Jona spricht, muss er einen Mund haben wie wir. Wenn er im Himmel wohnt, ist er vermutlich mit einem Flugzeug erreichbar. Ein Kreuz sieht das Kind, falls es die Geschichte von Karfreitag kennt, als den Ort, an dem Jesus gestorben ist, und nicht als Zeichen der Hoffnung. Das Kind stellt sich Gott in Menschengestalt vor. Es ist noch nicht in der Lage, eine Gottesvorstellung zu entwickeln, die die von ihm mit seinen Sinnen begreifbare Wirklichkeit überschreitet. Ihm fehlt dazu noch das gedankliche „Handwerkszeug". Entwicklungspsychologen nennen die Denkweise der Kinder in diesem Alter deshalb „Realismus". (Bei Erwachsenen klaffen Denken und Fühlen stärker auseinander. Die Idee vom allumfassenden, unsere Wirklichkeit überschreitenden Gott bleibt Theorie, während unsere Vorstellungen von den Eigenschaften Gottes sich aus konkreten Erfahrungen nähren. Die Texte der Bibel erzählen in Bildern von Gott, aber kein Bild erfasst Gott ganz, und selbst die Summe aller Gottesbilder vermag Gott nicht zu beschreiben.)

Die unmittelbare Verstehensweise der kleinen Kinder hat in der Vergangenheit zu einer Diskussion darüber geführt, wie die kindlichen Gottes- und Glaubensvorstellungen im Kindergottesdienst, im Religionsunterricht, in Kinderbibeln, beim Erzählen und im Gespräch aufzunehmen sind. So erfuhr ich als junge Kindergottesdiensthelferin und später als Vikarin, dass Wundergeschichten für jüngere Kinder ungeeignet seien. Die Wunder Jesu müssten, dem wörtlichen Verstehen der Kinder entsprechend, von den Kindern als magische Handlungen missverstanden werden. Das entspreche nicht dem Sinn der Wundererzählungen, die die Vollmacht Jesu als Sohn Gottes veranschaulichen. Die „falschen" Vorstellungen von Jesus als Wunderheiler müssten außerdem über kurz oder lang zur Enttäuschung führen, wenn die Kinder entdecken, dass ihre eigenen Bitten um Heilung möglicherweise nicht erfüllt werden – und wenn es zur Kritik am kindlichen Gottesbild komme. In den vergangenen Jahren wurde unter Religionspädagogen erneut über die Frage gestritten, ob die mit dem kindlichen „Realismus" verbundenen religiösen Vorstellungen zugelassen, gefördert oder korrigiert werden müssen. Von Eltern hören wir immer wieder die Sorge, dass biblische Geschichten wie die von der Arche Noah, Mose, Jona und vor allem die Passionsgeschichte für die Kinder zu grausam seien und ihnen Angst machen.

Diese Bedenken haben ihre Berechtigung. Trotzdem werden in neuerer Zeit die Wunder- und Heilungsgeschichten, die Passion Jesu und die Erzählungen der alttestamentlichen Ur- und Vätergeschichte auch in Kindergärten und Kindergottesdiensten wieder öfter zum Thema gemacht. Und das mit gutem Grund. Sie enthalten grundlegende Bilder und Vorstellungen des Glaubens an den einen Gott, der das Leben schenkt, es erhalten will und am Ende wieder zu sich nimmt. Sie handeln von Gott und den Menschen in der Spannung zwischen Selbstverwirklichung und Entfremdung. Auch unsere Kinder bewegen sich in dieser Spannung, schon bevor sie auf den eigenen Beinchen stehen können. Schon die Kleinsten haben eine Ahnung von Gut und Böse. Die biblischen Geschichten müssen also, auch und gerade für die Kleinsten, nicht entmythologisiert werden. Sie können in ihrer ureigenen Form, erzählend, entfaltet und – im Rahmen des kindlichen Horizontes – unmittelbar verstanden werden. Wie arm wäre mein Glaube heute, wenn sich mir die biblischen Geschichten nicht in den Bildern und Vorstellungen meiner Kindheit grundlegend eingeprägt hätten! In unseren Erzählungen und im Gespräch mit den Kindern wollen wir den kindlichen Vorstellungen Raum geben, diese Vorstellungen, wo sie bedrohlich werden, behutsam korrigieren und den Kindern helfen, sie weiterzuentwickeln.

Für Kinder und Erwachsene gilt, dass die Bilder, Vorstellungen und Überzeugungen sich im Laufe des Lebens wandeln und entwickeln. Einige mögen sich als nicht tragfähig, manche auch als bedrohlich und einengend erweisen. Die wörtlichen Vorstellungen von Gott, Himmel und Hölle müssen irgendwann hinterfragt, Bilder und Symbole als solche verstanden und zum eigenen Erfahrungshorizont ins Verhältnis gesetzt werden, um für den Glauben der Heranwachsenden bedeutsam zu bleiben. Deshalb ist es wichtig, dass die Eltern den Fragen der heranwachsenden Kinder nicht ausweichen, sondern ihnen offene und ehrliche Gesprächspartner bleiben. Dabei können die Fragen und Zweifel der Erwachsenen ebenso zum Gespräch gehören wie die Überzeugungen und Vorstellungen, die sie im Laufe ihres Lebens als tragend und helfend erfahren haben. Eltern sollten hierbei in der Kirchengemeinde kompetente Begleitung und Unterstützung finden, etwa Gesprächsabende für Eltern. Bei solchen Begegnungen sollte der Glaube weder selbstverständlich vorausgesetzt noch schamhaft verschwiegen werden.

Unsere Krabbelgottesdienste richten sich an den skizzierten Fähigkeiten und Erlebensweisen der Anderthalb- bis etwa Sechsjährigen aus. Die Kleineren sind dabei und wachsen hinein. Die Erwachsenen erleben die Gottesdienste mit ihren Kindern zusammen. Dabei können sie von den Kindern lernen und die Kinder von ihnen.

Literaturhinweise

Zur Entwicklung des religiösen Denkens und Glaubens:
Helmchen-Menke, Heike: Gott entdecken Schritt für Schritt, Freiburg i.B. 1998, S. 17–41.

Zu den psychologischen, sozialen und kulturellen Bedingungen religiöser Entwicklung:
Grom, Bernhard: Religionspsychologie, München/Göttingen 1992, S. 229-244.

Zur religiösen Entwicklung im Kindes- und Jugendalter:
Schweitzer, Friedrich: Lebensgeschichte und Religion, München 1991[2].

2. Die Ziele

● Kinder und Erwachsene sollen sich in der Kirche willkommen fühlen und in ihr aufgenommen wissen.

● Kinder und Erwachsene sollen Lust bekommen, mit allen Sinnen die Kirche als Raum der Begegnung und der Stille zu entdecken.

● Kinder und Erwachsene sollen mit liturgischen Formen, mit Liedern und Gebeten vertraut werden und sie mitgestalten.

● Kinder und Erwachsene sollen elementare biblische Inhalte kennenlernen und miterleben.

● Kinder und Erwachsene sollen erfahren, dass jeder Mensch Gott unendlich lieb und teuer ist.

● Kinder und Erwachsene sollen für ihr Glaubensleben zu Hause und im Alltag Anleitung und Stärkung bekommen.

● Kinder und Erwachsene sollen einen Teil des Gemeindelebens mitgestalten.

3. Der Weg

Eingeladen werden die Kinder, die in den vergangenen vier bis fünf Jahren getauft wurden; Kinder der Kindergärten im Einzugsgebiet, der Spielkreise und Eltern-Kind-Gruppen – jeweils mit ihren Eltern und Geschwistern, Großeltern usw. Die Gottesdienste sollten, wenn möglich, mehrmals im Jahr stattfinden.

● Sonntags parallel zum Gottesdienst
Nicht im engen Sinne ein Krabbelgottesdienst ist der Kindergottesdienst für die Kleinsten, der bei uns zweimal im Monat parallel zum Kinder- und zum Hauptgottesdienst stattfindet. Bis zur ersten Lesung bleibt die Gemeinde zusammen, dann ziehen die Kinder aus, um in

ihren eigenen Räumen weiter zu feiern. Beim Kleinkindergottesdienst sind auch die Eltern willkommen und werden in das Geschehen einbezogen. Wenn ihre Kinder bereit sind, ohne die Eltern zu bleiben, können diese aber auch weiter am Hauptgottesdienst teilnehmen. Die Gottesdienste für die Kleinsten finden in einem Raum statt, der von den Kindern und Eltern eingerichtet worden ist und nahe am Gottesdienstraum der Erwachsenen liegt. Die Kleinkindergottesdienste haben eine feste Liturgie und werden ohne großen Aufwand von einigen Müttern vorbereitet und geleitet. Sie bauen aufeinander auf, auch wenn jeder in sich abgeschlossen ist.

Einmal im Monat

Ein monatlicher Rhythmus hat den Vorteil, dass die Termine für die Familien planbar sind und nicht jeweils neu bekannt gemacht werden müssen. Was sie im vorhergehenden Krabbelgottesdienst erlebt haben, haben die Kinder in der Regel noch bis zum nächsten Gottesdienst in Erinnerung. Es kann kontinuierlich gearbeitet werden und in der Zwischenzeit können Aspekte des Themas zu Hause mit den Eltern oder in den teilnehmenden Gruppen weiterentwickelt werden. Der monatliche Krabbelgottesdienst eignet sich besonders dann, wenn es eine feste Zielgruppe gibt, z.B. Eltern-Kind-Gruppe, Spielkreis- oder Kindergartenkinder und -eltern. Er kann z.B. am Anfang eines Gruppen- oder Kindergartenvormittags stattfinden und trotzdem auch für andere Familien offen sein. Er kann von einem Team, z.B. von interessierten Eltern, Mitarbeiterinnen und einem Mitglied des Pfarramtes, oder von Einzelnen vorbereitet werden. Er kann in einem Gemeinde- oder Kindergartenraum oder in der Kirche stattfinden. Für die Kinder ist es hilfreich, wenn es immer derselbe Ort ist. Für bestimmte Themen kann aber auch ein Ortswechsel sinnvoll sein.

Mehrmals im Jahr

Ein größerer Zeitraum zwischen den Krabbelgottesdiensten ermöglicht es dem Vorbereitungskreis, z.B. einer Eltern-Gruppe, den Gottesdienst Schritt für Schritt zu planen und zu erarbeiten und dabei den eigenen Fragen zum Thema genügend Raum zu geben. Als Gottesdienstthemen und -termine bieten sich die Höhepunkte des Kirchenjahres an. Allerdings sind gerade zu Weihnachten, Ostern und zum Erntedankfest die Angebote für Familien zahlreich. Wer sich für Termine zwischen den großen Festen entscheidet, kann grundsätzliche Elemente des Gottesdienstes und der christlichen Tradition oder auch einmal den Kirchenraum zum Thema machen. In unserer Gemeinde laden wir drei bis vier Mal im Jahr am Sonntag Nachmittag zum Krabbelgottesdienst und zum anschließenden Zusammensein bei

Tee, Saft und Keksen ein. Die Krabbelgottesdienste werden in der „großen" Kirche gefeiert, die es ja zu entdecken und sich vertraut zu machen gilt.

4. Die Rahmenbedingungen

Bevor Krabbelgottesdienste eingerichtet werden, ist zu klären:

- Wer ist bereit und in der Lage, die Gottesdienste vorzubereiten und zu leiten?

- Welche Familien haben möglicherweise Interesse teilzunehmen? Wie können sie erreicht werden?

- Welche Themen, Zeiten und Räume bieten sich an?

- Wie passen die geplanten Angebote in das vorhandene Gemeindeprogramm, besonders zu Kindergottesdienst, Kinderbibelwoche, Konfirmandenunterricht, Bibelabenden, Elternabenden?

MIT KINDERN BETEN

Beten ist schwierig.

Besonders schwierig ist es, laut und frei und mit anderen zu beten, auch oder gerade wenn es die eigenen Kinder sind. Im Gebet spricht sich der eigene Glaube aus oder auch der Mangel an Glauben. Es ist deshalb etwas sehr Intimes, laut mit anderen zu beten.

Viele Eltern sagen: Wir beten noch nicht mit dem Kind, weil es das noch nicht versteht. Es kann aber ein schöner Brauch werden, wenn die Eltern zum Einschlafen mit dem Kind und für das Kind beten und singen, auch wenn es die Worte noch nicht versteht und noch nicht mitsprechen oder singen kann. Es wächst selbstverständlich hinein, und das Beten vor dem Einschlafen ist, wenn es dann die Worte verstehen und hinterfragen kann, schon ein vertrauter Bestandteil des Zu-Bett-Geh-Rituals.

Wenn das Kind sprechen gelernt hat, wird es die Gebete mitsprechen.

Oft ist es für alle Beteiligten einfacher, ein vorformuliertes, auch gereimtes Gebet zu sprechen. Es bedarf keiner eigenen Formulierungsanstrengungen. Kinder mögen Gereimtes und lernen es schnell auswendig. Wenn sie ein Gebet noch nicht auswendig können oder überhaupt noch nicht richtig sprechen können, sind die Reimworte das erste, was sie mitsprechen.

Für die Krabbelgottesdienste können beteiligte Eltern, die sich nicht zutrauen, selbst Gebete zu formulieren, auf vorgegebene gereimte Gebete zurückgreifen, auch aus dem Gesangbuch. Auch einige Lieder haben Gebets-Charakter und eignen sich (z.B. EG 65 Von guten Mächten; EG 157 Lass mich dein sein und bleiben; EG 170 Komm, Herr, segne uns; EG 484 Müde bin ich, geh zur Ruh). Es kann sich einspielen, dass für den Krabbelgottesdienst ein immer wiederkehrendes Eingangsgebet benutzt wird.

Das Vaterunser ist für kleine Kinder inhaltlich eine Überforderung. Trotzdem sprechen sie es gern mit, wenn die Erwachsenen es auswendig und zusammen sprechen. Das hat etwas Faszinierendes. Überhaupt müssen Kinder nicht alles verstehen, was man mit ihnen betet. Vieles wird sich ihnen erst später erschließen, aber sie erwerben einen Reichtum an Texten, der ihnen bleibt und wertvoll werden kann, in den sie hineinwachsen. Auch uns Erwachsenen geht es ja so, dass sich lange bekannte Gebetstexte in einer bestimmten Situation neu erschließen und eine Bedeutung gewinnen, die sie früher für uns nicht hatten.

Ausgewählte Psalmen lassen sich gut mit Kindern beten – im Gottesdienst und zu Hause (z.B. Ps 23; 36; 100; 103; 104; 121). Getrost kann der Luthertext verwendet werden. Moderne Übertragungen sind nicht unbedingt kindgerechter und dabei oft sprachlich flach.

Die Taufsprüche der Kinder eignen sich häufig ebenfalls, um sie in den Ritus vor dem Einschlafen aufzunehmen.

Schön ist es, wenn in den häuslichen Gebeten freie Formulierungen der Kinder Platz haben und geübt werden. Die Methode „wir erzählen Gott, was heute gut war und was nicht gut war" kann allerdings ausufern. Besser ist es, wenn Eltern und Kinder vor dem Gebet im Gespräch miteinander noch einmal Revue passieren lassen, was sie am Tag erlebt haben. Dann können Eltern auch reagieren, was nicht angebracht ist, wenn dieser Teil als Gespräch mit Gott definiert wäre. Es ist aber oft nötig, dass Dinge besprochen werden, die an dieser Stelle von den Kindern zur Sprache gebracht werden. All das kann dann hinterher in das Gebet mit eingeschlossen werden, auch ohne noch einmal ausdrücklich formuliert zu werden.

Auch an andere soll im Gebet gedacht werden. Die Fürbitte für kranke Familienmitglieder oder solche, die auf Reisen sind, liegt Eltern und Kindern besonders am Herzen.

Eltern müssen damit umgehen können, wenn Kinder die unmittelbare Erfüllung ihrer Wünsche vom Gebet erwarten und andernfalls enttäuscht sind. Es muss ihnen deutlich werden, dass das Gebet kein Wunscherfüllungsautomat ist. Aber auch ihre Enttäuschung über eine Bitte, die nicht erfüllt wurde, hat ihren Ort im Gebet. Sie sollen alle ihre Gefühle aussprechen dürfen.

Kinder kommen in Gebeten auf erstaunliche Gedanken und können das Gebet der Erwachsenen bereichern. Sie rechnen ganz konkret mit Gott und so reden sie auch mit ihm und von ihm.

Für uns Erwachsene ist das oft befremdlich. Wir weichen häufig in allgemeine, unkonkrete, symbolische oder dogmatische Rede von Gott aus. Rechnen wir wirklich mit Gott in unserem Leben, wenn unsere Gebetssprache das nicht widerspiegelt? Oft ist da eine Scheu, die vor allem das Klagen und Anklagen Gottes erschwert. Danken und Bitten fällt in der Regel leichter und wird konkreter formuliert.

Kinder sind unbefangener, sie können fordernd sein im Gebet. Ihre Redeweise kommt Erwachsenen vielleicht manchmal ungehörig oder blasphemisch vor. Aber wir merken, wann Kinder uns in ihrem Reden von Gott provozieren wollen und wann sie einfach nur unbefangen reden. Wir können ganz zuversichtlich sein, dass Gott ihre Unmittelbarkeit aushält, ja dass sie ihm entspricht und er sie sich wünscht:

„Wer das Reich Gottes nicht empfängt wie ein Kind, der wird nicht hineinkommen."
(Mk 10, 15)

Anregungen für den Umgang mit Bildern und Materialien

Für den Kindergottesdienst sind im Fachbuchhandel eine Vielzahl von Bildern und Materialien erhältlich, aus denen je nach Thema, Alter der Kinder und persönlichem Geschmack ausgewählt werden kann. In diesem Buch haben wir besonders die Kleinkinder im Blick, bei den „Kindergottesdiensten für die Kleinsten" (s. B 2) – im Folgenden „Kleinkindergottesdienste" – vor allem die Kinder, die für Kindergarten und Kindergottesdienst noch zu jung sind. Deshalb geben wir hier einige Hinweise zu Bildern und Materialien speziell für diese Altersgruppe.

Je jünger die Kinder sind, desto weniger sollte auf einem Bild zu sehen sein. Kees de Kort hat in seinen Kinderbibel-Illustrationen eindrucksvoll gezeigt, wie man sich auf das Wesentliche beschränken kann. In einem kleineren Rahmen, z.B. beim Kleinkindergottesdienst, ist es gut möglich, anhand eines Plakates oder einer längeren Bilderreihe, etwa in der Bilderbibel, zu erzählen. Ist die Gruppe größer, dann ist es schwierig, die Aufmerksamkeit der Kinder über längere Zeit hinweg auf das Betrachten von Bildern zu konzentrieren. Eine Möglichkeit sind Dias oder Overheadfolien, die die Kinder schon durch die Lichttechnik faszinieren. Allerdings ist damit zu rechnen, dass die Kleineren sich mehr für den Projektor als für die Bilder interessieren.

Eine andere Möglichkeit ist das allmähliche *Aufbauen eines Bildes*. So kann ein Bild zu einer Geschichte im Gottesdienst, während des Erzählens, von einer Mitarbeiterin gemalt werden. Das so entstandene Bild genügt zwar nicht unbedingt künstlerischen Ansprüchen, zeigt aber das, was in dem Gottesdienst wichtig ist und wirkt lebendiger als ein vorgefertigtes Bild (s. Krabbelgottesdienst „Wenn das Weizenkorn in die Erde fällt"). Von den Kindern wird es gerade wegen seiner Schlichtheit gut verstanden, und die größeren von ihnen bekommen Lust, später selbst etwas zum Thema zu malen.

Zum Malen eignen sich grobe Wachsblöcke, Fingerfarben oder in kleine Joghurtbecher abgefüllte Abtönfarben, die mit einem breiten Pinsel auf große Papierbögen (Packpapier- oder Papiertischtuch-Rolle) oder Plakatkarton (DIN A1) aufgetragen werden. Es soll so gemalt werden, dass alle – zumindest die Kinder – das Entstehen des Bildes beobachten können. Zum Schluss sollen alle Zeit zum Betrachten des Ergebnisses haben. Das ist auch beim Erzählen zu berücksichtigen. Der Erzähler sollte die Kommentare der Kinder zu dem entstehenden Bild aufnehmen und weiterführen, so dass Erzählen und Malen miteinander korrespondieren. Ist die Gruppe der Kinder nicht größer als fünfzehn, kann in der Mitte eines Sitzkreises auf dem Boden oder den Altarstufen gemalt werden. Sind es mehr Kinder, kann eine größere Holzplatte oder Pinnwand gegen den Altar gelehnt und das Papier daran befestigt werden.

Auch beim aufwendigeren *Schattenspiel* (s. Krabbelgottesdienst „Du hast uns deine Welt geschenkt") kann das Bild allmählich aufgebaut werden; es fesselt die Kinder ohnehin durch Lichttechnik und die Schattenspielfiguren, die zur Erzählung bzw. Musik bewegt werden.

Eine einfache Möglichkeit, vor allem im Kleinkindergottesdienst, sind schlichte, einfarbige *Papierfiguren,* die auf einem Plakat an einer vorher mit wenigen Strichen gemalten *Kulisse* (z.B. Dorf, Wüstenlandschaft, Oase mit Bäumen oder Brunnen) entlanggeführt werden. Anregungen für die Gestaltung geben die entsprechenden Bilder in den Kinderbibeln, die stark vereinfacht werden. Keine Angst vorm Selbermalen – die Kinder mögen und verstehen einfache Bilder! Noch einfacher ist es, die „Landschaft" mit ein paar Tüchern, Steinen, Zweigen usw. auf dem Boden auszubreiten und hier die Papierfiguren agieren zu lassen (s. z.B. den See im Kleinkindergottesdienst „Der große Fischzug"). Die Figuren, Plakate, Tücher und Gegenstände lassen sich zu verschiedenen Erzählungen immer wieder anders anordnen. Die Bodendekorationen reizen allerdings zum Anfassen und verleiten die Kleinsten zum Umbauen, was nicht immer erwünscht ist.

Viele biblische Geschichten lassen sich *mit den Spielsachen nachspielen,* die sich im Kinderzimmer finden: Lego-Duplo-Steine und -Figuren oder Playmobilfiguren eignen sich zum Spielen vieler Geschichten (s. Kleinkindergottesdienst „Zachäus"). Die Kinder spielen meist begeistert mit, da ihnen das Spielzeug vertraut ist, und werden die Geschichte sicher auch zu Hause noch einmal nachbauen und -spielen. Nachteil bei den Duplo- und Playmobilfiguren: Sie haben spezifische Gesichtszüge und Kleidung, die kaum zu den biblischen Geschichten passt. Das stört die Kinder allerdings wenig. Auch Bausteine, Holzfiguren und -tiere und selbst Weinkorken eignen sich zum Spielen der Geschichten. Allerdings eignen sich kleine Gegenstände nur zur Gestaltung von Kleinkindergottesdiensten im kleinen Kreis (bis zu etwa zehn Kindern). Will man Geschichten für einen größeren Teilnehmerkreis spielen, eignen sich *Stabpuppen* (s.u. C., Die Martinspuppe) und das Rollenspiel.

Um Ideen für die Gestaltung der Themen und Geschichten zu gewinnen, ist es hilfreich, Eltern in die Vorbereitung einzubeziehen. Oft führt die Frage *„Was ist bei euren Kindern gerade dran? Womit spielen sie? Wonach fragen sie? Worüber streiten sie?"* zu einer Idee für die Entfaltung des Themas, die Auslegung eines Bibeltextes oder auch für die Themenfindung.

B

GOTTESDIENSTE

1. KRABBELGOTTESDIENSTE

"Wo geht's denn hier zum Stall?"
Krabbel-gottesdienst

... mit Hase, Schildkröte und Bär
unterwegs zur Krippe ...

Sonntag, 28. November 99
16 Uhr bis 16.30
Stephanuskirche, Himmelsruh 17
für Kinder von 0 bis 3 Jahren,
ihre Geschwister und Eltern!

Vorbereitung: Eltern-Kind-Gruppe der Stephanus-gemeinde und Pastorin Amélie Gräfin zu Dohna

Wo geht's denn hier zum Stall? –
Mit Hase, Schildkröte und Bär unterwegs zur Krippe

Erster Advent

Thema und Inhalte

In diesem Krabbelgottesdienst geht es um den Aufbruch und den Weg zur Krippe, ganz bewusst zu Beginn der Adventszeit.

Für die Kinder: Ich bin eingeladen, die Geburt des Kindes mit vorzubereiten und zu feiern. Keiner ist zu klein oder zu unbedeutend, um mitzugehen und mitzumachen. Jeder und jede findet Platz bei der Krippe im Stall.

Für die Erwachsenen: sich aufmachen zur Krippe – das heißt zunächst: sich öffnen und darauf einlassen, dass Gott kommt, dass er als Kind kommt, ganz und gar ohne Pracht und Glanz. Die Schritte des Gottesdienstes regen dazu an, neben all den bunten Weihnachtsvorbereitungen und Erwartungen diesem bescheidenen Kommen Gottes Raum zu geben – für die eigenen Kinder und bei sich selbst.

„Wo geht's denn hier zum Stall?"
Krabbel-gottesdienst
... mit Hase, Schildkröte und Bär unterwegs zur Krippe ...

Übersicht

GLOCKENLÄUTEN

BEGRÜSSUNG UND KREUZZEICHEN

KREIS (im Eingangsbereich der Kirche)

LIED: Wir sagen euch an den lieben Advent (EG 17, 1)

GEBET

SPIEL/WEG durch die Kirche: Mit den Tieren unterwegs zur Krippe (3 Stationen)

MIT LIED: Kommt, wir woll'n zur Krippe geh'n (s. Liedteil, Nr. 1)

AKTION: Krippe und Stall bauen

MIT LIED: Wir sagen euch an den lieben Advent (s.o.)

VATER UNSER

SEGEN

ZUM MITNEHMEN: Schildkröten aus Tonpapier

Zeitbedarf: 30 Minuten

Die Schritte im Einzelnen

GLOCKENLÄUTEN (Kinder, Eltern und Pastor/in treffen sich draußen am Eingang der Kirche)

BEGRÜSSUNG UND KREUZZEICHEN
> Pastor/in:
> Herzlich willkommen! Schön, dass ihr da seid – schön, dass Sie da sind zu unserem Krabbelgottesdienst heute, am Ersten Advent! Wir fangen wie immer hier draußen an, und zwar mit unserem Kreuzzeichen. Dabei könnt ihr und können Sie alle mitmachen und unsere Bewegungen ergeben ein Kreuz, das Zeichen von Jesus Christus:

Wir sind hier zusammen
im Namen des Vaters, der uns lieb hat
(*sich die Wange streicheln*),
im Namen des Sohnes, der uns kennt
(*sich an die Brust tippen*)
und im Namen des Heiligen Geistes, der uns umgibt
(*sich selbst umarmen*).
Alle: Amen.

KREIS im Eingangsbereich der Kirche
(*Erfahrungsgemäß gehen die Kinder zunächst vorsichtig,
ja zögernd in die Kirche hinein, bleiben einen Moment
stehen, schauen und beginnen – jedes auf seine Art – sie
zu erobern. Deshalb finden wir es wichtig, schon beim
Hereinkommen klar zu sagen, wie es weitergehen soll.*)

Eine Mutter / ein Vater:
Bevor wir durch die Kirche wandern, machen wir zuerst
hinten einen großen Kreis. So groß, dass alle Platz
haben. (*Zeit lassen zum Kreis bilden!*) Jetzt singen wir
das erste Lied auf dem Zettel:

LIED Wir sagen euch an den lieben Advent (EG 17, 1)

GEBET Eine Mutter / ein Vater:
Ich möchte mit euch und Ihnen beten. Dazu bitte ich
alle, sich anzufassen. Wer mag, kann jetzt mal drücken.
Es ist gut, rechts und links neben sich jemanden zu
spüren. So nah wie der große oder kleine Mensch neben
mir – so nah ist Gott!

Lieber Gott,
wir sind hier, Kleine und Große,
weil jetzt Advent ist
und weil wir uns auf Weihnachten freuen,
auch wenn das noch lange hin ist.
Sei bei uns,
wenn wir jetzt hier durch die Kirche
zur Krippe wandern.
Und sei bei uns,
wenn wir später wieder nach Hause gehen
und Weihnachten erwarten,
jeder auf seine Art.
Danke, dass du da bist, lieber Gott!
Heute und morgen
und jeden Tag! Amen.

„Mit den Tieren unterwegs zur Krippe" (3 Stationen)

STATION 1   „Hase und Bär: Wir machen uns auf den Weg"
(Für die kleinen Dialoge und als „Weggefährten" haben wir Plüschtiere und Handpuppen unserer Kinder benutzt, die von Eltern bewegt und mit Stimmen versehen wurden.)

Hase *(sieht sich um, spricht vor sich hin)* So. Jetzt bin ich also in der Kirche. Ganz dunkel ist es hier. So ein großer Raum! Aber bald – bald ist Weihnachten. Dann wird es hier ganz hell sein. Viele Leute werden hier sein. Ein Kind soll dann geboren werden. In einem Stall. Ein Baby! Ich möchte hingehen. Ich möchte es sehen. Aber … ich hab' ein bisschen Angst. Ob die mich da überhaupt haben wollen? Wenn das Baby doch so was Besonderes ist? Und ob ich den Weg finde … ganz allein … durch die Dunkelheit … bis zum Stall?

Bär Aber Hase, sei doch kein Angsthase – sieh' dich mal um! *(Hase sieht sich um, staunt)*. Guck mal: Du bist doch gar nicht allein hier! Hier sind ja ganz viele Kinder! Und Eltern! Und die Kinder haben auch ihre Lieblingstiere mitgebracht *(zählt Namen der Tiere der Kinder auf; wichtig: den Hund nicht vergessen, da er später seinen Auftritt hat!)* Und ich bin schließlich auch da. Ich will auch zum Stall. Und vielleicht wollen die Kinder und die Erwachsenen ja auch mit. *(Zu den Kindern und Eltern:)* Wollt ihr das? Wollt ihr mitgehen zum Stall, wo das Kind geboren werden soll? *(Kinder und Erwachsene: Ja, klar, wir wollen mit…)*

Bär Siehst du, du brauchst keine Angst zu haben, Hase. Wir gehen zusammen. Du und ich und die Kinder und die Großen. Wir suchen den Stall. Und damit wir noch ein bisschen mehr Mut kriegen, singen wir unterwegs ein Lied. Es steht auf dem Zettel. Es geht ganz leicht …

LIED   Kommt, wir woll'n zur Krippe geh'n (s. Liedteil, Nr. 1)/ Weg durch die Kirche

„Schildkröte: Jeder kann mitkommen"

Bär   (*bleibt stehen*): Psst, Hase, Kinder, habt ihr das eben auch gehört? (*Die anderen sehen sich um, horchen, hören aber nichts*) Doch, hört mal … da weint doch jemand!

Schildkröte   (*kommt hinter einer Bank hervor, weint leise vor sich hin*)

Hase   Hallo, du da, warum weinst du denn?

Schildkröte   (*schniefend*) Ach, wisst ihr, ich würde so gerne hingehen, zum Stall, wo das Kind geboren werden soll.

Bär, Hase   Ja, prima, komm doch mit…!

Schildkröte   (*schnieft noch lauter*) Ich kann nicht. Ich schaff' es nicht!

Bär   Aber warum denn nicht?

Schildkröte   Ich … bin … zu … langsam. Ich … brauch' immer ganz lange. Ich komm' immer erst an, wenn die andern schon wieder weg sind.

Hase   Ach, das macht nichts. Wir warten auf dich. Wir gehen ganz langsam. Du kannst dir Zeit lassen! Wir sind auch nicht die Schnellsten, stimmt's, Kinder? Und das Kind in dem Stall – das wartet ganz sicher auf uns!

Schildkröte   Meint ihr wirklich? Na dann – dann komm' ich mit! (*Hase und Bär freuen sich und stimmen das Lied wieder an*)

LIED   Kommt, wir woll'n zur Krippe geh'n (s.o.) / Weg durch die Kirche

STATION 3   „Hund: Wir finden den Stall"

Hase   Du, Bär, sind wir denn auch auf dem richtigen Weg? Ich meine – weißt du denn überhaupt, wo es zum Stall geht?

Bär   Na ja, also ehrlich gesagt – so ganz genau weiß ich das auch nicht. Da hinten irgendwo müsste es eigentlich sein. Oder da drüben, oder …

Hase   (*wendet sich an die Kinder*) Wisst ihr vielleicht, wo wir lang müssen?

Kinder (*wissen es auch nicht oder weisen schon auf die kleine Kerze in der Nähe des Altarraumes hin*)

Hund   (*aufgeregt*) Ich weiß es, ich weiß es! Ich kann es nämlich riechen. Mit meiner Nase kann ich erschnuppern, wo es lang geht. Da, wo wir hin müssen, da brennt nämlich schon ein kleines Licht. Da drüben. Da riecht es nach Kerzenwachs und nach Holz und nach Heu ...

Bär   Genau. Da drüben lang. Das wollte ich auch gerade sagen.

Hase   Na dann los! Kommt alle mit!

LIED   Kommt, wir woll'n zur Krippe geh'n (s.o.) / Weg bis zu dem kleinen Licht neben dem Altarraum (*dort sollte schon jemand aus dem Team stehen!*)

AKTION   Krippe und Stall bauen

Pastor/in:
Hier sind wir also bei der Krippe angekommen. Eine richtige Futterkrippe ist das, aus der Tiere fressen können. Pferde und Kühe und Esel. Hier wird an Weihnachten ein Kind geboren, Jesus.
Keiner ist zu klein oder zu langsam oder zu hässlich oder zu unwichtig. Alle sollen zu ihm kommen.
Wir haben jetzt noch vier Wochen Zeit bis Weihnachten. Wir können uns auf den Weg machen und alles vorbereiten, auch uns selbst. An Heiligabend könnt ihr die Krippe sehen, die wir heute vorbereitet haben.

(*Eltern und Kinder tragen bereitliegendes Material zusammen, um die Krippe als Bett für das Jesuskind vorzubereiten: Heu und Stroh, ein Lammfell, evtl. Stoffwindeln. Anschließend werden die Kinder aufgefordert, noch einmal in die Krippe hineinzufassen und zu prüfen, ob alles weich und bequem ist. Ein Geschwisterkind im Säuglingsalter oder eine Babypuppe kann in der Krippe kurz „probeliegen" – mit dem Hinweis, dass das Jesuskind ja erst am Heiligen Abend hier hineingelegt werden soll.*)

LIED	Wir sagen euch an den lieben Advent (EG 17, 1)

Pastor/in:
Jetzt bitte ich euch Kinder, mit euren Tieren einmal ganz dicht an die Krippe heranzukommen. Es war wohl damals, als Jesus geboren wurde, eng im Stall von Bethlehem, mit den Tieren darin und dem vielen Besuch... Und jetzt bitte ich Sie, die Eltern, das Dach über dem Stall zu bauen. Hier haben wir eine große Decke, die wir ausbreiten und über unsere Köpfe halten. ... Das ist jetzt das Dach über der Krippe. Ihr Kinder seid mit euren Tieren da drin. Sie, die Eltern, halten Ihre Hände über die Kinder, so wie Sie es jeden Tag tun und so wie Gott es jeden Tag tut. Über die Kinder und auch über uns Große hält er seine Hand. Ich hoffe, Sie können noch ein Weilchen in dieser Haltung stehen bleiben. Wir beten miteinander das Vaterunser. Dann spreche ich den Segen, und Sie halten die Hände über alle, die jetzt in unserem Stall sind.

VATER UNSER

SEGEN

Pastor/in:
Der Herr segne dich und behüte dich.
Der Herr lasse leuchten sein Angesicht über dir
und sei dir gnädig.
Der Herr erhebe sein Angesicht auf dich
und gebe dir Frieden.
Amen.

ZUM MITNEHMEN:

Schildkröten aus Tonpapier (s. **M**)
(Neben dem Stall werden aus einem Korb die vorbereiteten Papierschildkröten verteilt. Die Kinder verlassen den Stall, dessen Dach die Eltern nun wieder herunterlassen können)

Vorbereitung

Material

- Plüschtiere oder Handpuppen für das Spiel: Hase, Bär, Schildkröte und Hund
  (Handpuppen wirken im Spiel bedeutend lebendiger; Plüschtiere sind evtl. größer und werden auch im größeren Kreis noch gut gesehen. Wir haben beide „Tierarten" gemischt, was für die Kinder kein Problem war.)
- Holzkrippe – sie sollte möglichst ein lebensgroßes Baby fassen und tragen können. Wir haben sie aus dem Fundus der Krippenspiel-Requisiten ausgeliehen. Zu bedenken ist – und ggf. mit anderen Gruppen und Mitarbeitern in der Gemeinde abzusprechen –, ob diese Holzkrippe auch in einem für Familien geeigneten Gottesdienst an Heiligabend am selben Platz stehen kann. Zu diesem Gottesdienst kann dann im Anschluss an den beschriebenen Krabbelgottesdienst besonders eingeladen werden!
- Heu, Stroh, ein Lammfell, Stoffwindeln für die Ausstaffierung der Holzkrippe
- Decke für das Dach des Stalles (die Größe eines Sofa-Überwurfes reicht für ca. 30 Kinder aus; der Stoff sollte nicht zu schwer sein)
- Kerze bei der Krippe
- Tonpapier, Scheren, Stifte zum Basteln der Schildkröten
- Liederzettel

Wortbeiträge und Weg durch die Kirche

Alle Wortbeiträge können von jedem Mitglied des Vorbereitungskreises gesprochen werden. Es empfiehlt sich aber, die in allen Gottesdiensten wiederkehrenden liturgischen Stücke komplett oder teilweise von ein und derselben Person sprechen zu lassen.

Die Dialoge der Tiere haben wir nur sinngemäß eingeübt und dann im Gottesdienst spontan und im Dialog mit den Kindern gespielt. Falls sie wörtlich aus der Vorlage übernommen werden, ist es wichtig, extra Zeit für die Reaktionen der Kinder, für die Bewegungen der Tiere und den gemeinsamen Weg einzuplanen.

Bitte vorher verabreden, wer die Lieder anstimmt, die Schildkröten verteilt und ggf. zum anschließenden gemütlichen Beisammensein einlädt!

Der Weg durch die Kirche sollte vorher geplant und von den Mitwirkenden einmal abgeschritten werden. Er sollte auf Umwegen zur Krippe führen.

Einladung

In den Abkündigungen und auf dem Handzettel können die Kinder eingeladen werden, ein Lieblingsplüschtier mitzubringen.

Vor dem Gottesdienst

- Hase, Bär, Schildkröte und Hund (Plüschtiere oder Handpuppen) an den Einsatzstellen in der Kirche bereitlegen
- Holzkrippe, Material zur Ausstaffierung und Decke bereitlegen, vor Beginn Kerze anzünden
- Korb mit Schildkröten zum Mitnehmen (s. **M**) in der Nähe der Krippe bereitstellen
- ggf. Raum für anschließendes Beisammensein vorbereiten
- vor der Kirche Liederzettel verteilen
- Altarkerzen anzünden

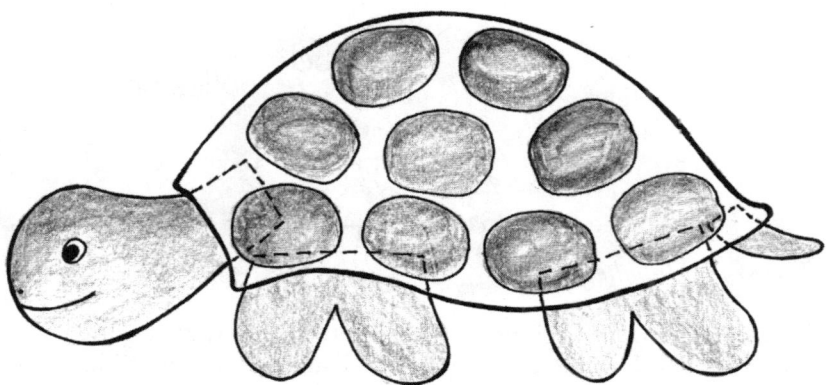

Den Panzer zwei Mal aus dunkelgrünem Tonpapier ausschneiden.

Kopf, Schwanz und 2 × 2 Beine je ein Mal aus hellgrünem oder braunem Tonkarton ausschneiden und zwischen die Panzerhälften kleben.

Aus Tonpapierresten in verschiedenen Grün- und Brauntönen etwa 18 unregelmäßige Ovale ausschneiden und auf beide Seiten des Panzers kleben.

Augen, Nasenlöcher und Mund beidseitig aufmalen.

Fertig ist die Schildkröte.

Wir wandern zum Licht

Epiphanias (Johannes 8,12)

Thema und Inhalte

In der Winterzeit beginnt der nachmittägliche Krabbelgottesdienst bereits in der Dämmerung. Angst im Dunkeln kennen Kinder und Erwachsene. Aber zugleich ist die Dunkelheit der Hintergrund, auf dem auch ein kleines Licht schon große Wirkung hat. Ein einziges Kerzenlicht wird sichtbar und kommt zur Geltung, wohingegen es bei künstlicher Beleuchtung überstrahlt und übersehen wird.

Dieses Kerzenlicht im Dunkeln lässt sich übertragen auf die Erfahrung von Freude und Trauer im Leben und in der Beziehung zu Gott. Für eine kleine Freude ist der besonders dankbar, der weiß, dass sie nicht selbstverständlich ist, weil er andere, schlechtere Zeiten erlebt hat. Zuversicht und Vertrauen zu Gott heben sich auf dem dunklen Hintergrund von Angst und Zweifeln ab. Gutes ist erkennbar und beschreibbar im Gegensatz zum Bösen. Das Umgekehrte gilt auch: Wenn ein Licht leuchtet, wird das Dunkle als noch dunkler wahrgenommen.

Auf dem Weg vom Eingang durch die Kirche zum Altar werden in drei Etappen Kerzen angezündet und das Licht breitet sich aus.

Zunächst wird der Osterleuchter am Taufbecken angezündet. Diese Kerze leuchtet bei der Taufe dem einzelnen Christen. Sie steht für das Licht Jesu, das persönlich zugeeignet und zugesprochen wird.

Das Licht am Altar gilt der Gemeinde, in der Jesus mit seiner Gegenwart es hell werden lässt. In Wort und Sakrament leuchtet seine Wahrheit und sein Heil.

Der Weltkugelleuchter bringt die Welt in die Kirche. Zum Schluss tragen die Kinder das Licht aus der Kirche in die Welt. Auch der Welt, die nicht in unserem Gottesdienst versammelt ist, gilt das Licht Jesu. Es soll aus der Kirche heraus in sie hinein leuchten. Für die Kinder ist die Welt, die sie sich wirklich vorstellen können, noch beschränkt. Sie nehmen das Licht mit für Freunde oder Verwandte, die nicht bei dem Gottesdienst dabei waren, vielleicht für jemanden, der krank ist.

Übersicht

GLOCKENLÄUTEN

BEGRÜSSUNG

KREIS (im Eingangsbereich der Kirche)

LIED UND BEWEGUNG: Vom Aufgang der Sonne (EG 456)

DIALOG

GEBET

WEG ZUM TAUFBECKEN
MIT LIED: Mache dich auf und werde Licht (MK 294)

ERINNERUNG AN TAUFKERZE, Spruch: Johannes 8,12

WEG ZUM ALTAR
MIT LIED: Mache dich auf und werde Licht (s.o.)

ALTARKERZEN BETRACHTEN

WEG ZUM WELTKUGELLEUCHTER
MIT LIED: Mache dich auf und werde Licht (s.o.)

AKTION AM WELTKUGELLEUCHTER
MIT LIED: Er hält die ganze Welt in seiner Hand (ML, D 18)

VATERUNSER

SEGEN

LICHT FÜR JEDES KIND

AUSZUG MIT LIED: Tragt in die Welt nun ein Licht (EG-NB 571)

Zeitbedarf: 35 Minuten

Die Schritte im Einzelnen

GLOCKENLÄUTEN

(Kinder, Eltern und Pastor/in treffen sich vor der Kirchentür)

BEGRÜSSUNG Pastor/in:
Hier draußen wird es bald dunkel. In der Kirche wird es gleich heller. Wenn es dunkel ist, sieht man das Licht von den Kerzen besonders gut, obwohl sie nur ein kleines Licht haben. Wenn wir hineingehen, achtet genau auf die Lichter!
Aber wir fangen wie immer hier draußen an, alle zusammen:

Wir sind hier zusammen
im Namen des Vaters, der uns lieb hat
(*sich die Wange streicheln*),
im Namen des Sohnes, der uns kennt
(*sich an die Brust tippen*)
und im Namen des Heiligen Geistes, der uns umgibt
(*sich selbst umarmen*).
Alle: Amen.

KREIS im Eingangsbereich der Kirche

LIED Vom Aufgang der Sonne (EG 456)
(*mit Bewegungen, s.u. Vorbereitung; vielleicht im Kanon*)

DIALOG (*zwei Eltern, einer mit einem kleinen Bären als Handpuppe*)

Kleiner Bär: (*weint*) Es ist so dunkel hier, ich habe Angst.

Erwachsener: (*kommt dazu*) Nanu, wer weint denn hier? Guten Tag kleiner Bär, warum weinst du denn?

Kleiner Bär: (*schnieft*) Guten Tag. Wer bist du denn?

Erwachsener: Ich bin …

Kleiner Bär: Und das hier, ist das die Kirche?

Erwachsener: Ja, das ist unsere Kirche. Sie heißt …

Kleiner Bär: Aber warum ist es so dunkel hier? Ich kann gar nichts sehen. (*schnieft*)

Erwachsener:	Du hast Recht, heute ist es besonders dunkel hier. Ich habe eine Idee: Ich habe hier eine Kerze dabei, die zünde ich jetzt an. (*zündet Haushaltskerze an*) So, jetzt ist es nicht mehr ganz so dunkel. Sieh dich mal um, kleiner Bär! Hier sind noch andere Leute, Kinder und Erwachsene.
Kleiner Bär:	Hallo!
Erwachsener:	Wir alle zusammen können jetzt weiter in die Kirche gehen und sehen, wo wir noch mehr Licht finden. Das kleine Licht hilft uns, den Weg zu finden. Kommst du mit, kleiner Bär?
Kleiner Bär:	Gut, ich komme mit. Und ihr – Kinder und Große – kommt ihr auch mit?

(*Alle*: Ja, klar!)

Erwachsener:	Bevor wir durch die Kirche gehen, lasst uns hier noch beten. Dazu werden wir still und wer will, kann die Hände falten.

GEBET   Eine Mutter / ein Vater:
Lieber Gott!
Danke, dass wir zusammen Gottesdienst feiern können:
Große und Kleine,
Fröhliche und Traurige,
Mutige und Ängstliche.
Dir sagen wir, was uns Angst macht.
Du lässt es hell werden.
Danke für das Licht.
Amen.

WEG ZUM TAUFBECKEN MIT LIED
Mache dich auf und werde Licht (MK 294)
(*Mit der Haushaltskerze wird die Osterkerze angezündet.*)

ERINNERUNG AN TAUFKERZE

Kleiner Bär:	Schön. Jetzt ist es schon ein bisschen heller. Was ist das denn für eine große Kerze?

Pastor/in:
Wenn hier über dem Taufbecken ein Kind getauft wird, dann wird eine Taufkerze angezündet. Jesus hat gesagt: Ich bin das Licht der Welt; wer mir nachfolgt, der wird nicht in der Finsternis wandeln, sondern wird das Licht des Lebens haben.

Sein Licht soll jedem einzelnen getauften Kind leuchten, damit es in seinem Leben den richtigen Weg findet und nicht hinfällt; damit es hell ist in seinem Herzen und es keine Angst hat, auch wenn es draußen oder in der Kirche dunkel ist.

WEG ZUM ALTAR MIT LIED

Mache dich auf und werde Licht (s.o.)
(Das Licht vom Osterleuchter wird mitgenommen zum Altar und die Altarkerzen werden damit angezündet.)

ALTARKERZEN BETRACHTEN

Kleiner Bär:
Noch vier Kerzen? Wofür sind die denn?

Pastor/in:
Die Taufkerze ist für jedes Kind einzeln. Die Lichter auf dem Altar leuchten für alle, die in der Kirche sind und zusammen Gottesdienst feiern, singen, beten, Geschichten hören, essen und trinken beim Abendmahl. Die Altarkerzen erinnern uns alle an Jesus.

WEG ZUM WELTKUGELLEUCHTER MIT LIED

Mache dich auf und werde Licht (s.o.)
(Die Haushaltskerze wird in die Mitte des Weltkugelleuchters gesteckt.)

AKTION AM WELTKUGELLEUCHTER MIT LIED

Er hält die ganze Welt in seiner Hand (ML, D 18)

Kleiner Bär:
Oh, eine große Kugel. Ich weiß, da kann man viele Kerzen reinstecken.

(Jedes Kind bekommt eine Kerze. Immer zwei Kinder zünden ihre Kerzen an und stecken sie auf den Leuchter. Dazu wird das Lied: „Er hält die ganze Welt in seiner Hand" gesungen und jeweils die Namen der beiden Kinder eingesetzt.)

Zum Beispiel: Er hält Lena und Jakob in der Hand,
   er hält Lena und Jakob in der Hand,
   er hält Lena und Jakob in der Hand,
   er hält die Welt in seiner Hand.

oder auch allgemeiner: Er hält die Kinder und die Eltern in der Hand.)

Pastor/in:
Das Licht, das dem kleinen Bären die Angst wegnimmt und uns jetzt fröhlich macht, das können auch andere Menschen sehen, wenn sie uns angucken, und wir lächeln und strahlen. Jesus will die ganze Welt mit seinem Licht hell machen, und wir können ihm dabei helfen.
Jedes Kind hat seine Kerze angezündet und für uns alle hier wird es heller.
Es soll für alle Menschen auf der Welt heller werden, darum bitten wir Gott.

VATERUNSER   Wir nehmen alle Menschen mit hinein, wenn wir jetzt zusammen das Vaterunser beten, die Menschen, die wir kennen und lieb haben, aber auch die, die wir nicht kennen.

Vater unser im Himmel…

SEGEN   Pastor/in:
Die Eltern können ihren Kindern bei dem Segen die Hände auf den Kopf legen.

Der Herr segne dich und behüte dich …

LICHT FÜR JEDES KIND
   (Jedes Kind bekommt ein Teelicht in einem aus Tonpapier gebastelten Kerzenhalter in Sternform. Die Kerze wird angezündet und alle gehen mit dem Licht und dem Lied in die Dunkelheit hinaus.)

AUSZUG MIT LIED
   Tragt in die Welt nun ein Licht (EG-NB 571)

Vorbereitung

Material

- Handpuppe, z.B. ein kleiner Bär
- Streichhölzer
- Haushaltskerze zum Mitnehmen und Anzünden der Osterkerze und der Altarkerzen
- pro Kind eine Weihnachtsbaumkerze für den Weltkugelleuchter
- pro Kind ein Teelicht mit Kerzenhalter aus Tonpapier (s. **M**)
- Liederzettel

Wortbeiträge und Aktion

Alle Wortbeiträge können von jedem Mitglied des Vorbereitungskreises gesprochen werden. Es empfiehlt sich aber, die in allen Gottesdiensten wiederkehrenden liturgischen Stücke von derselben Person sprechen zu lassen.

Die Dialoge mit dem kleinen Bären können frei gestaltet werden und sollten spontane Äußerungen der Kinder herausfordern und darauf eingehen.

Vor dem Gottesdienst

- Kerzen und Streichhölzer bereitlegen
- Liederzettel verteilen
- Kerzenhalter aus Tonpapier mit Teelicht für jedes Kind versteckt bereitstellen (s. **M**)

Bewegung zum Lied „Vom Aufgang der Sonne" (EG 456)

Beginn: Alle stehen im Kreis, ohne sich bei den Händen zu halten

1. Vom Aufgang der Sonne *zur Erde hinunter beugen, Hände berühren den Fußboden, langsam den Oberkörper aufrichten und mit den Armen neben dem Körper einen Kreis beschreiben, bis sie über dem Kopf gestreckt sind*

2. bis zu ihrem Niedergang *Bewegung wieder zurück zum Fußboden*

3. sei gelobet der Name des Herrn (2 ×) *aufrichten, normale Haltung, in die Hände klatschen im Rhythmus*

Kerzenleuchter „Stern"

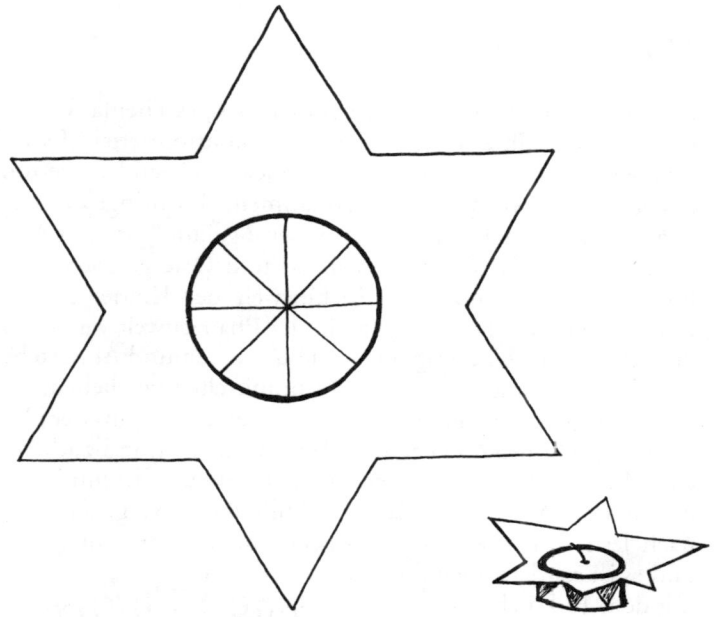

Stern aus farbigem Tonkarton (orange, gelb oder rot)
ausschneiden. In die Mitte ein Teelicht stellen, mit dem
Bleistift umranden und die Kreisfläche in der Mitte vom
Mittelpunkt aus achtmal einschneiden. Innere Zacken nach
unten knicken, Teelicht hineinstellen, fertig.

Achtung!
Bitte die obige Bastelvorlage auf 156 Prozent vergrößern.
damit Sie die Originalgröße erhalten.

Wenn das Weizenkorn in die Erde fällt

Passions- und Osterzeit (Johannes 12, 24)

Thema und Inhalte

Das Leiden und Sterben Jesu ist ein schwieriges Thema. Viele Erwachsene scheuen sich, ihre Kinder damit zu konfrontieren. Das Frohe und Befreiende der Osterbotschaft kann aber ohne den Kreuzestod Jesu nicht erlebt werden. Beides gehört zusammen, das bringt der Vergleich mit dem Weizenkorn aus dem Johannesevangelium gut zum Ausdruck. Mit diesem Gleichnis wird das Passions- und Ostergeschehen in eine Welt übertragen, die schon zur Erlebniswelt der Kinder gehört. Mit den Zeichnungen wird der Vorgang in der Pflanzenwelt veranschaulicht und die Schritte zur Übertragung auf Jesu Sterben und Auferstehen vorgegeben. Die Übertragung kann nicht unmittelbar geschehen, so als wüchse direkt aus Jesu Leichnam neues Leben heraus, wie aus dem Weizenkorn.

Wie genau die Auferstehung Jesu zu denken und zu beschreiben ist, entzieht sich ohnehin unseren Möglichkeiten, nicht nur im Hinblick auf die Kinder. Wichtig ist, dass mit Hilfe dieses Vergleichs deutlich wird, nach Jesu Tod ist etwas Neues gekommen. Es war nicht alles zu Ende und es ist seitdem auch für uns mit dem Tod nicht alles zu Ende. Neues Leben erwartet uns und wir erwarten neues Leben nach dem Tod und durch den Tod hindurch.

zur Passions- und Osterzeit

Übersicht

GLOCKENLÄUTEN

BEGRÜSSUNG

KREIS (im Eingangsbereich der Kirche)

LIED: Du hast uns, Herr, gerufen (EG 168, 1)

GEBET

SITZKREIS AM ALTAR

GLEICHNIS VOM WEIZENKORN – GEMALT UND ERZÄHLT
Bild 1: Das Weizenkorn in der Erde
Bild 2: Es treibt aus
Bild 3: Die Ähre wird reif

KURZANSPRACHE: Jesus ist gestorben und ist lebendig

LIED: Wenn das Weizenkorn (s. Liedteil, Nr. 2)

AKTION MIT WEIZEN

VATERUNSER

SEGEN

LIED: Du hast uns, Herr, gerufen (EG 168, 4)

Zeitbedarf: 25 Minuten

Die Schritte im Einzelnen

GLOCKENLÄUTEN
    (Eltern und Kinder treffen sich vor der Kirchentür)

BEGRÜSSUNG   Pastor/in:
Wir beginnen unseren Krabbelgottesdienst heute, wie wir das immer tun:

Wir sind hier zusammen
im Namen des Vaters, der uns lieb hat
(sich die Wange streicheln),
im Namen des Sohnes, der uns kennt
(sich an die Brust tippen)
und im Namen des Heiligen Geistes, der uns umgibt
(sich selbst umarmen).
Alle: Amen.

	Pastor/in: Jetzt gehen wir in die Kirche und stellen uns hinten in einem Kreis zusammen.
KREIS	im Eingangsbereich der Kirche
LIED	Du hast uns, Herr, gerufen (EG 168, 1)
GEBET	Eine Mutter / ein Vater: Gott, unser Vater, wir kommen in dein Haus, in die Kirche und feiern Krabbelgottesdienst. Wir freuen uns, dass wir zusammen sind. Viele Gedanken bringen wir mit, worüber wir traurig sind und worüber wir glücklich sind und was wir nicht verstehen. Danke, dass wir singen und beten können. Dir dürfen wir alles erzählen. Danke, dass du bei uns bist. Amen.

SITZKREIS AM ALTAR

GLEICHNIS VOM WEIZENKORN – GEMALT UND ERZÄHLT (3 Bilder)

*(eine Mutter / ein Vater malt mit Wachsmalkreiden und erzählt dazu; Beispiel, s. **Ma–c**)*

BILD 1	„Das Weizenkorn in der Erde" (**Ma**) Hier seht ihr ein Weizenkorn. Ganz gelb ist es noch, eben aus der Ähre herausgefallen. Ich male es so groß, damit ihr es gut erkennen könnt. In Wirklichkeit ist es viel kleiner. Das Weizenkorn wird in die Erde gelegt. Unten drunter ist jetzt schwarze Erde und oben drüber auch. Über der Erde male ich den Himmel.
BILD 2	„Es treibt aus" (**Mb**) Jetzt male ich das Weizenkorn noch einmal. Es ist eine ganze Weile vergangen. Das Weizenkorn ist in der Erde braun geworden. Oben, über der Erde, scheint die Sonne. Die Erde wird ganz warm und das Weizenkorn auch. Da regt sich das Leben! Kleine Wurzeln kommen aus dem braunen Korn und graben sich in die Erde. Dann kommen Wolken und es fängt an zu regnen. Die Erde wird nass und das Weizenkorn auch. Es saugt sich voll. Die Wurzeln halten sich in der Erde fest. Und auf

einmal kommt oben aus dem braunen Korn ein winzig kleines Blättchen heraus. Es schiebt sich durch die Erde hindurch nach draußen, an die frische Luft. Das kleine Pflänzchen spürt die Sonne und den Regen und wächst. Noch ein Blatt kommt hervor und zwischen den Blättern ein Halm.

BILD 3 „Die Ähre wird reif" (**M c**)
Hier ist das Weizenkorn wieder. Es ist jetzt ganz schwarz geworden, brüchig und morsch. Aber trotzdem ist aus ihm eine richtige Pflanze geworden. Ein Halm mit Wurzeln und Blättern, gelb von der Sonne. Die Sonne scheint jetzt richtig warm. Es ist Sommer. Oben an dem Halm ist eine Ähre gewachsen mit vielen Körnern. Sie sind auch schon gelb und dick und reif. Aus dem einen Weizenkorn, das in der Erde verrottet ist, ist ein Halm gewachsen mit vielen neuen Körnern! Das alte Weizenkorn ist gestorben. Aber aus ihm ist neues Leben gekommen.

(Die Bilder können nun mit Krepp-Klebeband am Altar befestigt werden)

KURZANSPRACHE
Jesus ist gestorben und ist lebendig

Pastor/in:
Wir denken in diesen Wochen daran, dass Jesus sterben musste.
Er ist am Kreuz gestorben.
Und Jesus ist auferstanden.
Er ist auferstanden, er ist lebendig, er kennt uns und ist bei uns und behütet uns.
Wie kann das sein, dass jemand tot ist und lebendig?
Wie können wir uns das vorstellen?
Jesus sagt: Denkt an das Weizenkorn.
(Vase mit Weizen in die Mitte stellen)
So könnt ihr es euch vorstellen. So ist das mit mir.
Das Weizenkorn wird in die Erde gelegt, es wird begraben, es stirbt.
Aber aus diesem Weizenkorn wächst neues Leben.
Eines Tages kommt ein grüner Halm aus der Erde, wo das Korn liegt, und dann kommen Blätter und viele neue Körner.
Aus einem Weizenkorn, das in die Erde gelegt wird, kommen ganz viele neue Weizenkörner.

So, sagt Jesus, ist es auch mit mir: Ich muss sterben und in der Erde begraben werden, aber ich werde auferstehen. Für alle, die zu mir gehören, fängt ein neues Leben an. Etwas Neues wächst, wie bei dem Weizen.

Ihr Kinder, und ihr Erwachsenen natürlich auch, dürft euch nachher alle ein paar Weizenkörner aus den Ähren pulen.

Die dürft ihr mit nach Hause nehmen und in die Erde legen und beobachten, wie neues Grün, neues Leben daraus wächst.

Wenn ihr das seht, könnt ihr an Jesus denken, wie er gestorben ist und neues Leben geschenkt bekam von Gott. Er lebt und ist für uns da.

LIED   Wenn das Weizenkorn (s. Liedteil, Nr. 2)

AKTION   Jetzt dürft ihr aus den Weizenähren Körner herauspulen und mit nach Hause nehmen zum Einpflanzen. Vielleicht seht ihr an Ostern schon ein bisschen Grün aus der Erde sprießen.

(Kinder und Eltern nehmen jeweils einige Körner aus den Ähren)

VATERUNSER   Pastor/in:
Die Weizenkörner könnt ihr in der Hand behalten oder in die Tasche stecken, wenn ihr euch anfassen wollt beim Vaterunser-Beten.

Vater unser im Himmel…

SEGEN   Pastor/in:
Der Herr segne dich und behüte dich …

LIED   Du hast uns, Herr, gerufen (EG 168, 4)

Vorbereitung

Material

- 3 Bögen Plakatkarton DIN A1
- Wachsmalkreiden
- Krepp-Klebeband
- Weizen, möglichst die ganzen Halme mit den Ähren, in einer Vase
- Liedzettel oder Gesangbuch

Wortbeiträge und Aktionen

Malen und Erzählen gleichzeitig kostet viel Konzentration. Wer diese Aufgabe übernimmt, sollte sich vorher Skizzen machen, wie er die Bilder gestalten will, auch die Erzählung sollte gedanklich vorbereitet sein. Man kann beide Aufgaben auch auf zwei Personen verteilen.

Wenn es möglich ist, ganze Weizenhalme mit Ähren in den Gottesdienst mitzubringen, kann die Erzählung besonders gut anschaulich werden. Beim Auspulen der Ähren haben die Kinder die unmittelbare Erfahrung, woher die Körner kommen. Es ist auch als Aktion interessanter. Wenn kein Weizenstrauß vorhanden ist, kann man keimfähige Weizenkörner in einer Schale auf den Altar stellen, aus der die Kinder sich zum Schluss ein paar Körner mitnehmen können.

Vor dem Gottesdienst

- Weizen auf den Altar stellen
- Sitzkissen vor dem Altar auslegen
- Plakatkarton, Wachskreiden und Klebeband vor dem Altar bereitlegen
- Liederzettel oder Gesangbücher verteilen
- Altarkerzen anzünden

Du hast uns deine Welt geschenkt

Erntedank

Thema und Inhalte

Das Thema Erntedank ist ein klassischer Familiengottesdienst-inhalt, weil er leicht an Erfahrungen anknüpfen kann und theologisch keine großen Übertragungsschwierigkeiten bereitet. Hier wird das in vielen Familien vorhandene Kinderbuch „Frederick" benutzt, um das Thema aufzunehmen und zugleich zu verfremden. Die Pointe des Buches ist problematisch: „Wer streut die Schneeflocken? . . . Wer zündet die Mondlampe an? Vier kleine Feldmäuse wie du und ich wohnen im Himmel und denken an dich." Zugleich ist dieser Schluss so offensichtlich abwegig, dass er schon wieder unproblematisch ist. Das Gedicht am Schluss gibt Anlass, auch das kritische Moment, das im Erntedankfest liegt, deutlich zu machen: dass wir Menschen alles, was wir zum Leben brauchen, unserem Schöpfer und nicht uns selbst verdanken, dass wir es nicht allein hervorbringen können (wie die Mäuse eben auch nicht).

Wichtig ist auch die Übertragung auf vieles andere Lebensnotwendige – im Kinderbuch sind es die Worte, die Farben, das Licht, die Wärme –, für das wir auch zu danken haben und das in den Erntedank mit hineingehört.

Übersicht

GLOCKENLÄUTEN

BEGRÜSSUNG

KREIS (im Eingangsbereich der Kirche)

LIED: Alle gute Gabe kommt her von Gott dem Herrn
(EG 508, Refrain von „Wir pflügen und wir streuen")

GEBET

GABEN ZUM ALTAR BRINGEN

LIED: Danket, danket dem Herrn (EG 336)

GESCHICHTE VON FREDERICK

LIED: Du hast uns deine Welt geschenkt (EG-NB 640)

VATERUNSER

FRÜCHTE VERTEILEN

SEGEN

Zeitbedarf: 25 Minuten

Die Schritte im Einzelnen

GLOCKENLÄUTEN

(Kinder, Eltern und Pastor/in treffen sich vor der Kirchentür)

BEGRÜSSUNG Pastor/in:
Wir beginnen unseren Krabbelgottesdienst heute, wie wir das immer tun:

Wir sind hier zusammen
im Namen des Vaters, der uns lieb hat
(*sich die Wange streicheln*),
im Namen des Sohnes, der uns kennt
(*sich an die Brust tippen*)
und im Namen des Heiligen Geistes, der uns umgibt
(*sich selbst umarmen*).
Alle: Amen.

Ihr habt alle etwas von eurer Ernte aus dem Garten mitgebracht, Obst und Gemüse und Blumen, ein Brot ist auch dabei. Wir feiern heute das Erntedankfest. Weil wir uns bei Gott dafür bedanken, dass wir zu essen und zu trinken haben und alles, was wir zum Leben brauchen. Deshalb bringen wir etwas mit in die Kirche und schmücken sie mit unseren Gaben. Zuerst machen wir aber wieder einen Kreis hinten in der Kirche.

KREIS	im Eingangsbereich der Kirche
LIED	Alle gute Gabe kommt her von Gott dem Herrn (EG 508)
GEBET	Eine Mutter / ein Vater:

Großer Gott!
Du hast uns reich beschenkt.
Alles, was wir brauchen,
bekommen wir durch deine Güte
und durch die Arbeit vieler Menschen.
Wir haben zu essen und zu trinken,
Kleider und eine Wohnung,
Spielsachen und Bücher.
Danke!
Wir haben sogar so viel,
dass wir davon abgeben können.
Das ist ein schönes Gefühl.
Danke!
Lass uns nicht vergessen,
wie gut es uns geht,
und lass uns nicht vergessen,
dir dafür zu danken.
Amen.

GABEN ZUM ALTAR BRINGEN

Eine Mutter / ein Vater:
Wir bringen jetzt alles, was wir mitgebracht haben, zum Altar und legen es vor den Altar auf die Stufen. So wird unsere Kirche schön geschmückt und bunt.
(*Nachdem die Gaben auf der Altarstufe dekoriert sind, setzen sich alle in die Bänke vor der Leinwand*)

LIED   Danket, danket dem Herrn (EG 336)

GESCHICHTE VON FREDERICK

(*Das Buch „Frederick" von Leo Lionni, s. Literatur, wird vorgelesen. Zu der Geschichte werden die Szenen als Schattenspiel von den Eltern vorgeführt, s.* **M**)

Pastor/in:
Die Mäuse denken, dass Mäuse im Himmel sitzen und alles machen. Das ist aus Mäusesicht auch ganz verständlich.
Aber wir denken das nicht.
(*Mögliche Reaktionen der Kinder abwarten*)

Mäuse können das gar nicht und wir können das auch nicht machen, die Sonne und den Regen und die Farben.

Wir wissen, dass Gott alles geschaffen hat. Er lässt es Sommer und Winter werden, er lässt die Blumen und die Äpfel wachsen, er sorgt für die Kinder und die Erwachsenen, für die Mäuse und alle anderen Tiere. Er lässt alles auf den Feldern und im Garten wachsen und reif werden, damit die Mäuse davon essen können und die Menschen. Er lässt es hell und warm werden. Er gibt uns Worte, die andere Menschen fröhlich machen.

Ihr Kinder wisst, dass das alles von Gott kommt. Deswegen feiern wir Erntedankgottesdienst und sagen Gott: Danke, für alle guten Gaben. Unseren Dank können wir auch singen. Das probieren wir jetzt einmal aus:

LIED
Du hast uns deine Welt geschenkt (EG-NB 640)

Pastor/in:
Ihr könnt jetzt Dichter sein wie Frederick und noch andere Strophen dichten. In der ersten Strophe danken wir für den Himmel und die Erde. In der zweiten könnt ihr jetzt selbst einsetzen, wofür ihr Gott dankt.

(Weitere Strophen werden erfunden und gleich gesungen, z.B.: „Du hast uns deine Welt geschenkt: Die Kinder, die Eltern. Du hast uns deine Welt geschenkt. Herr, wir danken dir.")

VATERUNSER
Pastor/in:
Manchmal vergessen wir, uns bei Gott für etwas zu bedanken. Das ist schade. Wenn wir jetzt das Vaterunser beten, dann sagen wir Gott, dass wir wissen, dass er uns alles schenkt und für uns sorgt. Damit danken wir ihm für alles, auch wenn wir es nicht mehr einzeln aufzählen wie in dem Lied. Ihr könnt das Vaterunser schon mitsprechen. Wir falten die Hände.

Vater unser im Himmel . . .

FRÜCHTE VERTEILEN
Die Früchte, die wir hier ausgebreitet haben, nehmen wir jetzt mit in das Gemeindehaus und essen zusammen davon. Jeder von euch nimmt etwas und trägt es mit hinüber.

Pastor/in:
Wenn ich den Segen spreche, können die Eltern ihren
Kindern die Hand auf den Kopf oder auf die Schultern
legen.

Der Herr segne dich und behüte dich.
Der Herr lasse sein Angesicht leuchten über dir
und sei dir gnädig.
Der Herr erhebe sein Angesicht auf dich
und gebe dir Frieden.
Amen.

Vorbereitung

Material

- Obst, Gemüse, Brot, Kekse
- Decke oder Tuch für die Gaben
- Overheadprojektor für das Schattenspiel
- Leinwand
- Tisch mit Decke zugehängt, hinter der die Schattenspieler ungesehen
  agieren können
- Figuren zu der Frederick-Geschichte (s. **M**)
- Liederzettel oder Gesangbücher

Wortbeiträge und Aktion

Schön ist es, wenn die Kinder selbst etwas mitgebracht haben an Gaben
aus dem Garten. Aber auch die, die nichts dabei haben, dürfen Gaben
auslegen und den Altarbereich schmücken. Sie haben Spaß daran. Deshalb halten die Mitarbeiter/innen einen Korb mit Erntegaben zum
Schmücken bereit.

Das Schattenspiel fasziniert die Kinder auf jeden Fall. Es muss tech-
nisch nicht allzu perfekt und aufwendig vorbereitet sein. Wichtig ist
aber, die Geschichte sehr langsam vorzulesen oder zu erzählen, damit die
Spieler die Szenen aufbauen und die Erzählung, die Bilder und Klänge
wirken können. Besonders die Kinder brauchen Zeit, um alles wahrzu-
nehmen! Das Miteinander von Erzählung, Klängen und Bildern muss
gut geübt werden.

Vor dem Gottesdienst

- Decke oder Tuch vor dem Altar ausbreiten
- Erntegaben im Eingangsbereich bereitlegen
- Leinwand aufbauen
- Overheadprojektor oder Diaprojektor als Lichtquelle hinter der Leinwand aufstellen
- unter der Leinwand einen Tisch aufstellen, der mit einer Decke verhängt ist, so dass die Schattenspieler dahinter von den Zuschauern ungesehen sitzen können, ihre Figuren direkt vor der Leinwand bewegen und sie dort ablegen können
- Figuren und Klanginstrumente bereit legen
- Liederzettel oder Gesangbücher verteilen
- Altarkerzen anzünden

Bastelanleitung für Schattenspiel-Figuren (s. M a–d)

Material: schwarzer Tonkarton, farbiges Transparentpapier, Klebstoff, doppelseitiges Klebeband, einfacher Klebefilm, hölzerne Schaschlikstäbe oder dünne Rundhölzer, ca. 30 cm lang, Schere, Cutter, evtl. Vorlagen, auf DIN A3 vergrößert. Vorlagen ggf. von der Kopie mit Kohlepapier auf den *Tonkarton übertragen.*

Vier Mäuse-Figuren (**M a**), *die Sonne, die Gräser, die Kornähren, Maiskolben und evtl. Nüsse* (Vorlage **M b/c**) werden aus schwarzem Tonkarton hergestellt und mit farbigem Transparentpapier hinterklebt. Die Mäusekörper werden ausgerissen (nur Mut! Die ungenauen Formen lassen die Mäuse besonders lebendig wirken), alle übrigen Teile ausgeschnitten.

Frederick (**M b**) ist drei Mal vorhanden: einmal scheinbar schlafend, einmal mit offenem Auge und einmal aufrecht stehend für die Schlussszene, für die die „Wangen" mit rotem Transparentpapier hinterklebt werden (vgl. letztes Bild im Buch).

Für die *Mauersteine* (**M c**) werden so viele unregelmäßig geformte Flächen aus schwarzem Tonkarton ausgeschnitten, wie Steine benötigt werden. Sie brauchen nicht hinterklebt zu werden. Wer die Dekoration aufwendig gestalten will, kann einige Steine z.B. in Braun, Rot und Orange hinterkleben. Die Mauer braucht nur angedeutet zu werden, d.h. 8–10 Steine genügen.

Bei dem *Baum* (**M d**) kann die Krone für den „Sommer" grün hinterklebt werden. Dafür den Tonkarton in einem Stück aus der Mitte herausschneiden, dann kann man während des Spiels das Mittelstück für den „Winter" wieder einkleben, sodass der Baum nun ganz schwarz aussieht.

Wer die Vorbereitung weniger aufwändig gestalten will, kann auf das farbige Transparentpapier verzichten. Wer sich für die farbige Version entscheidet, kann die Bilder und Figuren später an einem Fenster befestigen (z.B. im Gemeindehaus oder im Kindergarten) und so die Geschichte mit den Kindern noch eine Zeitlang im Blick behalten. Wenn das geplant ist, sollten auch die Ohren der Mäuse weiß hinterklebt werden.

Für das Spiel werden die Mäuse und die Vorräte mit Klebestreifen an den Stäben befestigt (mehrere Nüsse an einen Stab kleben!) und liegen, wenn sie nicht in Aktion sind, auf dem Tisch vor der Leinwand. Die Steine, die Sonne, der Baum und die Gräser werden vorher auf die ganze Breite der Leinwand verteilt und mit doppelseitigem Klebeband daran festgeklebt (winzige Stückchen, ca. 1 × 1 cm, genügen und lassen sich hinterher vorsichtig spurlos abziehen). Beim Anordnen der Mauersteine Platz für eine „Höhle" lassen, in der sich alle fünf Mäuse im Winter verkriechen können. In dieser „Kulisse" wird die ganze Geschichte synchron zur Stimme des Erzählers/Vorlesers gespielt.

Klänge und Geräusche zum Schattenspiel

Mäuse: Xylophon (4 Töne reichen; für das fröhliche Schwatzen werden sie in schneller Folge durcheinander angeschlagen; wenn die Mäuse Vorräte sammeln, erklingen sie im Vierertakt und in wiederkehrender Reihenfolge)

Sonnenstrahlen: Triangel (wenn Frederick Sonnenstrahlen „sammelt", wird sie vorsichtig einmal angeschlagen; wenn er später seine Vorräte auspackt, wird sie schnell und kräftig geschlagen, sodass ein lauter, sirrender Ton entsteht)

Farben: Glockenspiel (die ganze Tonleiter auf- und abwärts gleitend anschlagen, erst einmal behutsam, später mehrmals kräftiger)

Wörter: Jeder Spieler ruft einige Wörter, z.B. „Wärme", „Licht", „Obstsalat", „Blumenwiese", „Tanzen", „Kuscheln" usw. Beim „Sammeln" sind sie nur je einmal zu hören; beim „Auspacken" werden sie genussvoll mehrmals wiederholt, zuletzt alle durcheinander.

Winter: Für den Schneefall wird der Regenstab sehr langsam gekippt.

Vor- und Nachspiel: Eine einfache Tonfolge, auf einem Melodie-Instrument improvisiert oder nach Noten gespielt, markiert Anfang und Schluss der Geschichte und konzentriert die Aufmerksamkeit der Zuschauer.

Variante: Erzählung

Bei der Geschichte kann entweder auf das Schattenspiel oder auf die Klänge verzichtet und das andere Medium stärker ausgestaltet werden.

Weitere Liedvorschläge

Alle guten Gaben (s. Liedteil, Nr. 8)
Wir loben Gott und sagen Dank (s. Liedteil, Nr. 9)

Mäuse

Frederick

Sonne, Gräser, Steine

Ba‿m, Vorräte

Gott hat alle Kinder lieb

Tauferinnerung

Krabbelgottesdienst

Thema und Inhalte

zur Erinnerung an die Taufe

Die Kindertaufe ist ein wichtiger Berührungspunkt zwischen jungen Familien und Kirchengemeinde. In diesem Krabbelgottesdienst werden die Elemente des Taufgottesdienstes in anschaulicher Weise nachvollzogen und erklärt. Das ist für diejenigen, die schon getauft sind, ebenso sinnvoll wie für die bisher nicht Getauften. Die einen können noch einmal von nahem erleben, was zur Taufe gehört, und diese Erfahrung mit den Bildern und Erzählungen von der eigenen Taufe in Verbindung bringen. Die anderen gewinnen eine erste Vorstellung von dem, was bei der Taufe geschieht. Auch für die Eltern ist der Tauferinnerungsgottesdienst eine gute Gelegenheit, sich mit den Elementen der Taufe (zum ersten Mal oder von neuem) vertraut zu machen – ohne die mit der Taufe des eigenen Kindes verbundene Aufregung.

Wie bei der Kindertaufe wird auch im Tauferinnerungsgottesdienst zugesagt: Gott liebt jeden und jede von uns. Mit der Taufe sind wir in die Gemeinde aufgenommen. Wir gehören zu Christus und sind Gottes Kinder. Diese Zusage ist ein Geschenk. Wir müssen nichts dafür tun, dass wir Gott recht sind. Auf unserem Weg – über helle und dunkle Strecken – sind wir nicht allein, denn Jesus Christus, das Licht der Welt, leuchtet für uns.

Wesentlich zur Taufe gehören die Absage an andere Götter und Mächte und das Bekenntnis zu dem dreieinigen Gott. Dafür stehen die Tauffragen und das Glaubensbekenntnis, das gemeinsam gesprochen wird. Dieser Teil bleibt für die Kinder noch weitgehend unverständlich. Auch im Krabbelgottesdienst wird deutlich: Die Taufe ist weit mehr als eine Segenshandlung für ein kleines Kind. Taufe und Kirchenzugehörigkeit müssen vom Glaubenden immer wieder neu angenommen und mit Leben gefüllt werden.

Übersicht

Die Schritte im Einzelnen

GLOCKENLÄUTEN

> *(Kinder, Eltern und Pastor/in treffen sich draußen am Eingang der Kirche und gehen gemeinsam hinein)*

SITZKREIS im Eingangsbereich der Kirche, BEGRÜSSUNG

> Pastor/in:
>
> Herzlich willkommen, liebe Kinder und liebe Erwachsene, hier in der Kirche. Wer schon öfter hier war, hat gemerkt, dass wir heute draußen das Kreuzzeichen weggelassen haben. Ich habe es nicht vergessen, es kommt später vor, ihr könnt ja darauf achten. Setzt euch jetzt erst einmal auf die Kissen hier. Einige von euch kenne ich mit Namen, von anderen weiß ich sie noch nicht. Vielleicht geht es euch ja auch so. Deshalb bitte ich alle, jetzt einmal ihren Namen zu sagen. Für die ganz Kleinen können das die großen Geschwister oder die Eltern tun *(alle stellen sich mit Namen vor)*.

LIED	Du hast uns, Herr, gerufen (EG 168, 1)
GEBET	Gott, unser Vater,
	wir kommen zu dir,
	Getaufte und Ungetaufte,
	aber alle neugierig,
	von dir zu hören in Geschichten,
	dich zu spüren in unserem Leben,
	in deiner Kirche
	und in deinen Menschen.
	Mach uns alle zu deinen Kindern
	und lass uns bei dir
	geborgen sein.
	Amen.
LIED	Ja, Gott hat alle Kinder lieb
	(s. Liedteil, Nr. 3, nur Kehrvers)
EINSTIMMUNG:	KREUZZEICHEN

Pastor/in:
Viele von euch Kindern und die meisten Erwachsenen
sind schon getauft. Vielleicht hat jemand von euch schon
eine Taufe miterlebt (*hier können Kinder und Erwachsene
von ihren Tauf-Erfahrungen erzählen*). Die meisten von
uns waren bei ihrer eigenen Taufe noch ganz kleine
Babys und wissen nicht mehr, wie das war. Einige sind
noch nicht getauft. Sie wollen sich vielleicht später
taufen lassen oder es sich noch überlegen. Aber alle Kinder – egal, ob sie getauft sind oder nicht – wollen sicher
gern wissen, was bei einer Taufe alles passiert. Zur Taufe
gehören Zeichen und Worte. Die sehen und hören wir
uns heute mal genau an.

Zuerst wird das kleine Kind gesegnet. Ich zeige euch das
jetzt einmal an dem kleinen … (*geht auf ein Kind zu*):
Nimm hin das Zeichen des Kreuzes. Du gehörst zu
Christus. Er hat dich lieb (*macht gleichzeitig das Kreuzzeichen über Stirn, Brust und Schultern des Kindes*).
Wir können alle mal probieren, wie sich das anfühlt.
Ich sage die Worte noch einmal. Wer möchte, kann
mitsprechen und dazu bei sich selbst das Kreuzzeichen
machen:

Ich gehöre (*die eigene Stirn berühren*)
zu Christus (*sich an die Brust tippen*).

Er hat mich lieb
(*die eigene linke und rechte Schulter berühren*).

So hat der Pastor oder die Pastorin das damals auch bei den meisten von euch gemacht. Und später seid ihr mit euren Eltern und Paten zum Taufbecken gegangen. Da gehen wir jetzt alle zusammen hin (*das Wasser für das Taufbecken wird in einem Krug mitgenommen*).

TAUFFRAGEN UND GLAUBENSBEKENNTNIS

Pastor/in:
Wir stellen uns im Kreis um das Taufbecken herum, die Kleinen in die Mitte, die Großen außen herum, sodass alle gut sehen können.
Die meisten von uns sind als Babys getauft worden. Ein Baby kann aber noch gar nicht sagen, ob es getauft werden will oder nicht. Deshalb hat die Pastorin damals bei eurer Taufe die Eltern gefragt:

„Wollt ihr, dass euer Kind getauft wird und dass es zu Jesus Christus und zur Kirche gehört, und wollt ihr ihm helfen, dass es Gott und Jesus und die Kirche kennen lernt?" – Dann haben eure Eltern gesagt: „Ja, das wollen wir. Wir hoffen, dass Gott uns dabei hilft."
Dann haben die Erwachsenen das Glaubensbekenntnis gesprochen. Ihr Kinder lernt es kennen, wenn ihr größer seid. Wir Erwachsenen sprechen es jetzt einmal. Es steht auf unserem Liederzettel. Ihr Kinder könnt dabei zuhören.

(*Die Erwachsenen sprechen das Glaubensbekenntnis, das auf dem Liederzettel abgedruckt ist*)

MEDITATION   Taufwasser, Taufsegen und Taufkerze

TAUFWASSER   (*Das Wasser wird aus dem Krug in das Taufbecken gegossen*)

Wie eine kleine Badewanne ist das
oder wie eine Schale
oder wie eine große Hand,
so (*formt mit beiden Händen eine Schale*).
Probiert einmal, ob ihr mit euren Händen
auch so eine Schale machen könnt!
In dieser Schale,
im Taufbecken ist Wasser.

Wer möchte, darf mal hineinfassen
(*nimmt selbst eine Hand voll Wasser*
und gießt sie über dem Becken aus).
Das Kind bekommt Wasser über den Kopf.
Das ist so ähnlich wie baden.
Man wird schön sauber.
Es ist warm. Es umgibt uns ganz
wie Gottes Hände.
Hinterher fühlt man sich
wie neu geboren!

Wasser kann aber auch Angst machen.
Wenn es tief und dunkel ist,
wenn die Wellen über unserem Kopf zusammenschlagen,
dass wir fürchten unterzugehen.

Das Wasser hier im Taufbecken
ist warm und angenehm.
Aber es kann uns auch
an die dunklen Seiten
in unserem Leben erinnern:
Manchmal sind wir böse
oder haben Angst
oder sind wütend auf jemand anders
oder auf uns selbst.
Habt keine Angst, sagt Jesus.
Das Dunkle hat keine Macht.
Ich bin bei euch.

Taufhandlung und Taufsegen

Dreimal bekommt das Kind
Wasser über den Kopf.
Das Böse soll keine Macht haben.
Du sollst geborgen sein
bei Gott.
Dann sagt die Pastorin
den Namen des Kindes.
Julia oder Niko oder Nina oder…
Du sollst noch einen anderen Namen haben:
Den Namen des Vaters
und des Sohnes
und des Heiligen Geistes.

(*Pastor/in schöpft während dieser Worte drei Mal mit*
der Hand Wasser und gießt es aus)

Denn du gehörst zu Christus.
Er hat dich lieb!

Dann legt der Pastor seine Hand
auf den Kopf des Kindes.
Wenn ihr mögt,
legt jetzt auch eure Hand
auf den Kopf
eines anderen Kindes,
aber ganz vorsichtig!
Gott hat dich neu geboren.
Er will immer bei dir sein,
so lange du lebst!

TAUFKERZE Weil es manchmal im Leben dunkel wird,
bekommt das Kind zur Taufe
eine Kerze.
Sie leuchtet hell.
Jesus hat gesagt:
Ich bin das Licht der Welt.
Ich will euch den Weg führen zu Gott.
Die Kerze erinnert daran:
Gott ist bei uns und begleitet uns.
Deshalb bekommt ihr jetzt
jeder eine kleine Kerze zum Mitnehmen,
damit ihr nicht vergesst:
Gott begleitet mich!
*(Alle gehen zum Altar, wo jedes Kind eine kleine Kerze
bekommt)*

Wir zünden sie hier an,
an der großen Osterkerze.
So ist es für alle dasselbe Licht.
(Kerzen werden mit Hilfe der Eltern angezündet)

Jetzt stellen wir uns mit den Kerzen hier in einen großen Kreis. Wisst ihr noch, wie das Lied ging: Gott hat
alle Kinder lieb? Weil er alle unsere Namen kennt, singen wir jetzt auch alle Namen.

LIED Ja, Gott hat alle Kinder lieb (s.o., nur Kehrvers)
*(als Strophen werden nach dem Kehrvers jeweils vier
Namen von anwesenden Kindern gerufen)*

VATER UNSER

SEGEN	Gott hält uns alle in seiner Hand.
	Da sind wir gut aufgehoben.
	Wer von den Eltern mag, kann seinem Kind zum Zeichen dafür eine Hand auf den Kopf legen.
	Der Herr segne dich und und behüte dich …
LIED	Du hast uns, Herr, gerufen (EG 168, 4)
ZUM MITNEHMEN:	
	Tauferinnerungs-Kerze

Vorbereitung

Material

– warmes Wasser für das Taufbecken
– Osterkerze
– kleine Tauferinnerungskerze für jedes Kind
– Liederzettel, auf dem auch das Glaubensbekenntnis gut lesbar abgedruckt ist

Wortbeiträge und Aktionen

Die Wortbeiträge können, wie in jedem Gottesdienst, auf mehrere Personen verteilt werden. Wir empfehlen, die Segnung mit dem Kreuzzeichen, die Tauffragen, das Glaubensbekenntnis und die Taufhandlung der Pastorin bzw. dem Pastor zu überlassen, da diese Teile in der Regel auch im Taufgottesdienst von einem Pastor bzw. einer Pastorin gestaltet werden. Die anderen Wortbeiträge, besonders das Gebet sollten Eltern und andere Mitwirkende übernehmen.

Die Tauferinnerungskerzen können evtl. vorher verziert werden. Das kann z.B. im Elternkreis oder im Kindergarten geschehen. In Gemeinden, die für ihre Täuflinge eine besondere Taufkerze bereit halten, kann diese auch vor dem Verteilen der kleinen Kerzen gezeigt werden.

Wer den Gottesdienst kürzer und kindgerechter gestalten möchte, kann den Teil „Tauffragen und Glaubensbekenntnis" weglassen, die allerdings elementar zur Taufe gehören.

Vor dem Gottesdienst

- Sitzkreis im Eingangsbereich oder im Altarraum mit Polstern oder Stühlen vorbereiten
- warmes Wasser bereitstellen
- Tauferinnerungskerzen bereitlegen (am Altar/in der Nähe der Osterkerze)
- nicht vergessen, die Altarkerzen und die Osterkerze anzuzünden!
- Liederzettel verteilen

Seht das große Sonnenlicht

Psalm 113, 3

Thema und Inhalte

Die Sonne und ihre Wärme sind elementare Sommer-Erfahrungen für Kinder und Eltern. Besonders kurz vor den Ferien, in denen manche in warme Länder reisen, ist die Vorfreude auf die Sonne, ihr Licht und ihre Wärme groß.

Mehr als die Uhr strukturiert die Sonne den Tagesablauf für Kinder, das ist ein Unterschied zum Stundenplan der Erwachsenen. Im Sommer ist es morgens wirklich hell, wenn es Zeit ist aufzustehen.

Das ist der Erfahrungshintergrund dieses Gottesdienstthemas.

Nicht erfahrbar ist, was aber auch viele kleine Kinder schon wissen, dass die Sonne, wenn sie untergeht, in anderen Ländern scheint.

Die Sonne soll als Gleichnis für Gottes Gegenwart dienen. Sie ist immer da, auch wenn wir sie nicht sehen. Ihre Wirkungen sind zu erkennen, auch wenn sie nicht direkt sichtbar ist.

Übersicht

GLOCKENLÄUTEN

BEGRÜSSUNG UND KREUZZEICHEN

KREIS (im Eingangsbereich der Kirche)

LIED UND BEWEGUNGEN: Vom Aufgang der Sonne (EG 456)

GEBET

VERTEILEN VON TÄGLICHEN GEBRAUCHSGEGENSTÄNDEN

STATIONEN AUF DEM WEG DER SONNE

STATION 1: Morgen
LIED: Die Reise der Sonne (Mein Liederbuch, C 13)

STATION 2: Mittag
LIED: Geh aus, mein Herz (EG 503)

STATION 3: Abend
LIED: Müde bin ich, geh zur Ruh (EG 484)

STATION 4: Nacht

GESPRÄCH UND NACHDENKEN ÜBER DIE SONNE

VERGLEICH MIT GOTT

AKTION

LIED: Gottes Liebe ist wie die Sonne (EG-NB 611)

VATERUNSER

SEGEN

AKTION

Zeitbedarf: 25 Minuten

Die Schritte im Einzelnen

GLOCKENLÄUTEN

(Kinder, Eltern und Pastor/in treffen sich vor der Kirchentür)

BEGRÜSSUNG UND KREUZZEICHEN

Pastor/in:
Schön, dass ihr alle zum Krabbelgottesdienst gekommen seid.
Heute scheint zwar die Sonne nicht, aber wir denken heute im Gottesdienst an die Sonne und in der Kirche scheint sie auch ein bisschen.

Jetzt beginnen wir den Gottesdienst – und ihr wisst noch, dabei könnt ihr alle mitmachen:
im Namen des Vaters, der uns lieb hat
(sich die Wange streicheln),
im Namen des Sohnes, der uns kennt
(sich an die Brust tippen)
und im Namen des Heiligen Geistes, der uns umgibt
(sich selbst umarmen).
Alle: Amen.

KREIS   im Eingangsbereich der Kirche

LIED   Vom Aufgang der Sonne (EG 456) mit Bewegungen (s.o., S. 50)

GEBET   Eine Mutter / ein Vater:
Lieber Gott!
Wir freuen uns über die Sonne und
wir sind traurig, wenn sie nicht scheint.
Du schenkst uns die Sonnenstrahlen,
aber auch den Regen,
damit alles wachsen kann.
Wir loben dich, du sorgst gut für uns
und lenkst alles
vom Aufgang der Sonne
bis zu ihrem Niedergang.
Es ist schön, dass wir hier zusammen sind
und Gottesdienst feiern.
Wir danken dir dafür.
Amen.

VERTEILEN VON TÄGLICHEN GEBRAUCHSGEGENSTÄNDEN

Pastor/in:

Hier habe ich einen großen Korb mit lauter Sachen, die ihr täglich benutzt, hier sind zum Beispiel Cornflakes, eine Kindergartentasche, ein Kochtopf, Sonnenhut, Kuscheltier, Spieluhr. Jeder von euch darf sich zwei Gegenstände aus dem Korb aussuchen. Die könnt ihr mit auf den Weg nehmen. Wir gehen jetzt los. Seht euch doch mal um in der Kirche. Vielleicht entdeckt ihr, wo die Sonne aufgeht.

STATIONEN AUF DEM WEG DER SONNE

(An vier Stellen in der Kirche sind große Plakate aufgehängt, auf denen die Sonne in verschiedenen Ständen am Himmel aufgemalt ist)

STATION 1 „Morgen"

(Das Bild zeigt eine aufgehende Sonne. Das erkennen und formulieren die Kinder sofort von selbst oder es wird nachgefragt. Wie bei allen Stationen liegt unter dem Plakat ein gelbes Tuch.)

Die Sonne ist rot und nicht ganz zu sehen. Es ist noch früh am Morgen. Da ist es Zeit zum Aufstehen. Einige von euch haben Gegenstände mitgenommen, die ihr am Morgen benutzt oder die eure Eltern am Morgen benutzen. Zum Beispiel die Zeitung. Legt bitte alles, was zum Morgen gehört, auf das Tuch. Wollt ihr sie lieber noch etwas behalten und weiter mitnehmen, dann haltet sie aber einmal hoch, damit wir alle sehen, was ihr am Morgen macht.

LIED Die Reise der Sonne
(ML, C 13)

STATION 2   „Mittag"
(Zu den weiteren Bildern s.u., Vorbereitung)

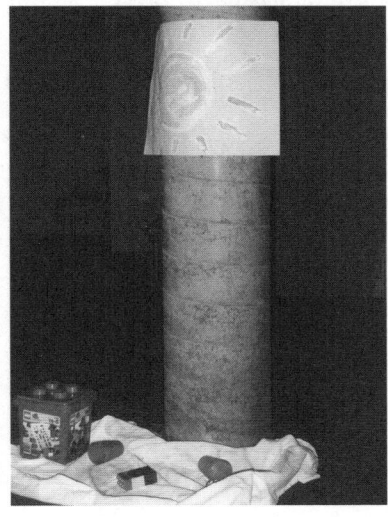

Wir gehen jetzt den Weg der Sonne weiter. Es ist schon Mittag geworden, die Sonne steht hoch am Himmel. Puh, es ist ganz schön heiß. Manche von euch haben Dinge mitgenommen, die ihr am Mittag braucht. Legt sie auf das Tuch oder zeigt sie uns. Klar, mittags habt ihr Hunger, da braucht man einen Kochtopf voll Essen. Vielleicht kennt ihr auch ein Tischgebet, das ihr vor dem Essen sprechen könnt und Gott danken, weil ihr zu essen habt.
(evtl. ein Beispiel aufsagen lassen oder selbst vorsagen)

LIED Geh aus, mein Herz (EG 503)

STATION 3   „Abend"

Wir gehen weiter mit der Sonne. Es wird Zeit, schlafen zu gehen, die Sonne steht schon ganz tief am Himmel, gleich geht sie unter. Bevor ihr einschlaft, braucht ihr aber noch ein paar Dinge. Legt sie hier hin. Gibt es auch ein Gute-Nacht-Lied oder ein Gebet, das ihr vor dem Einschlafen sprecht? Wir können ja ein Gute-Nacht-Lied singen, auch wenn wir noch nicht schlafen gehen.

LIED Müde bin ich, geh zur Ruh (EG 484)

STATION 4   „Nacht"
Seht ihr beim Altar die Mondsichel? Jetzt ist es Nacht geworden, die Sonne ist untergegangen. Wir setzen uns hier unter den Mond.

GESPRÄCH UND NACHDENKEN ÜBER DIE SONNE

Für die Nacht braucht ihr keine Gegenstände. Da schlaft ihr. Und die Sonne?

Erzählt doch mal, was die Sonne nachts macht. Sie scheint für Kinder in anderen Ländern der Welt, in Australien oder Amerika oder China. Ein bisschen von ihrem Licht sehen wir auch, wenn es bei uns Nacht ist. Die Sonne scheint nämlich den Mond an. Weil wir den Mond hell sehen, wissen wir, dass die Sonne nicht aufgehört hat zu scheinen, sondern woanders scheint, wenn bei uns Nacht ist.

VERGLEICH MIT GOTT

Vielleicht habt ihr euch schon mal gefragt, wie das mit Gott ist. Ob er nachts schläft? Nein!

Gott ist immer da, wie die Sonne immer da ist, auch in der Nacht, auch wenn dicke Wolken am Himmel sind und wir sie nicht sehen.

Gott ist für uns da, auch wenn wir ihn nicht sehen. Wir können aber immer mit ihm sprechen. Wenn wir mit Gott sprechen, nennen wir das Beten.

Wann betet ihr? *(Kinder erzählen: vor dem Essen, im Kindergarten, vor dem Einschlafen, im Krabbelgottesdienst)* Aber auch sonst könnt ihr immer beten und mit Gott sprechen, nur ihr könnt ihn nicht sehen.

Oder könnt ihr ihn doch sehen? So, wie ihr nachts auch noch ein bisschen vom Licht der Sonne sehen könnt, wenn ihr nicht schlaft und den Mond anguckt, so könnt ihr auch etwas von Gott sehen.

Ihr könnt Gott nicht selber sehen, aber ihr könnt sehen, was er geschaffen hat und was er euch schenkt. Sicher fällt euch da eine Menge ein, was Gott geschaffen hat: die Sonne zum Beispiel und ... Mond, Bäume und Blumen, Kinder und Eltern. Wenn ihr euch genau umguckt, dann erkennt ihr überall, dass Gott da ist und es gut mit euch meint. Dass er immer für euch da ist wie die Sonne, auch wenn ihr ihn nicht sehen könnt. Was ihr sehen könnt, das erinnert euch an ihn.

AKTION	Wir haben hier ein gelbes Band, das fassen wir jetzt alle an und machen einen großen Kreis. Das soll jetzt unsere Sonne sein. Wir alle sind die Sonnenstrahlen.
LIED	Gottes Liebe ist wie die Sonne (EG-NB 611)
VATERUNSER	Wir beten jetzt zusammen. Wer mag, kann die Schnur weiter anfassen. Wer mag, kann die Hände falten. Wir sprechen zusammen das Vaterunser, das können auch die größeren Kinder schon mitsprechen.
	Vater unser im Himmel…
SEGEN	Pastor/in: Der Herr segne dich und behüte dich …
AKTION	Jetzt schneiden wir die Schnur – unsere Sonne – auseinander und jeder bekommt ein Stück als Sonnenstrahl. Den könnt ihr euch um die Hand binden oder als Kette um den Hals hängen und mit nach Hause nehmen. Euer Sonnenstrahl erinnert euch daran, dass die Sonne immer da ist, auch wenn ihr sie nicht sehen könnt, und dass Gott immer für euch da ist, auch wenn ihr ihn nicht sehen könnt.

Vorbereitung

Material

– Plakate mit der Sonne am Morgen, Mittag und Abend, und ein Nachthimmel; selbst gemalt mit Tuschfarben (s. Fotos)

- Gebrauchsgegenstände aus dem Alltag der Kinder, auch aus Puppenstube oder Kaufmannsladen möglich, jedes Kind sollte zwei Gegenstände aussuchen können. Wenn die Kinder ihre eigenen Sachen wiedererkennen, wollen sie sie möglicherweise nicht anderen Kindern überlassen oder sie wollen die Gegenstände nicht ablegen, sondern während des Gottesdienstes behalten, betrachten sie vielleicht sogar als Geschenk. Das sollte man bei der Auswahl der Gegenstände im Blick haben.
- Tücher, vielleicht verschieden farbig
- gelbes Paketband, pro Person ca. 40 cm
- Schere
- Liederzettel

Wortbeiträge und Aktion

Alle Wortbeiträge können von jedem Mitglied des Vorbereitungskreises gesprochen werden. Es empfiehlt sich aber, die in allen Gottesdiensten wiederkehrenden liturgischen Stücke von derselben Person sprechen zu lassen.

Die einzelnen Stationen können von verschiedenen Müttern oder Vätern moderiert werden. Sie können ihre Wortbeiträge frei und spontan im Gespräch mit den Kindern entwickeln. Allerdings sollten sie vorher genau abgesprochen werden, damit keiner dem anderen die Pointen wegnimmt. Die hier skizzierten Gespräche sind ein Vorschlag für die Vorbereitung, denn es ist auf jeden Fall ratsam, sich genau vorzubereiten und mögliche Antworten der Kinder schon vorher zu bedenken.

Vor dem Gottesdienst

- mitgebrachte Gegenstände in einem großen Korb bereitstellen
- Plakate an vier Stationen in der Kirche aufhängen
- darunter verschieden farbige Tücher ausbreiten, auf die die Kinder ihre Gegenstände legen können
- Schnur und Schere am Altar bereit legen
- Liedzettel verteilen
- Altarkerzen anzünden

Segen für die Reise – Bitte Bobbycar mitbringen!

1. Mose 12, 3

Thema und Inhalte

Warum nicht mal einen Bobbycar-Gottesdienst feiern? Unter den Zwei- bis Vierjährigen gibt es kaum ein Kind, das nicht gern auf dem berühmten Rutscheauto die Welt und die eigenen Möglichkeiten erkundet. Für dieses Erkunden, für das Aus- und Eingehen der Kinder und auch für die eigenen Wegstrecken wünschen sich Eltern, mehr oder weniger bewusst, Begleitung und Schutz. Das gilt für die gemeinsame Urlaubsreise ebenso wie für die kleinen und größeren Aufbrüche im Alltag.

In der Abrahamsgeschichte macht Gott sich als der bekannt, der mitgeht. Auf dessen Geheiß und unter dessen Geleit wagen es Menschen aufzubrechen und wegzugehen von dem, was ihnen vertraut war, ermutigt durch das Versprechen: Ich werde bei dir sein. Ich will dir neuen Raum zum Leben geben und dich groß und zahlreich machen … In der Erzählung von Abrahams Aufbruch können sich Kinder und Erwachsene wiederfinden mit den Unsicherheiten und Ängsten, die jedes Losgehen (nicht nur den Kleinen!) bereitet. Sie sollen von dem Gott Abrahams hören, der auch mit uns unterwegs ist und dem wir vertrauen können.

Beim „Koffer Packen" kann jeder und jede für sich überlegen, was auf der Reise nicht fehlen darf. Später werden Wasser und Brot geteilt – als Wegzehrung und Stärkung. Der Gottesdienst klingt mit einem Bobbycar-Parcours vor der Kirchentür aus.

Übersicht

BOBBYCARS KENNZEICHNEN UND EINPARKEN

GLOCKENLÄUTEN

BEGRÜSSUNG UND KREUZZEICHEN

KREIS (im Eingangsbereich der Kirche)

LIED UND BEWEGUNG: Ausgang und Eingang (EG 175)

GEBET

ERZÄHLUNG UND AKTION: Mit Abraham auf die Reise gehen

LIED: Ich möcht', dass einer mit mir geht (EG 209)

WEGZEHRUNG AM ALTAR

VATER UNSER

LIED: Komm, Herr, segne uns (EG 170)

SEGEN

BOBBYCAR-PARCOURS VOR DER KIRCHE

Zeitbedarf: 45 Minuten

Die Schritte im Einzelnen

BOBBYCARS KENNZEICHNEN UND EINPARKEN
> *(Die eintreffenden Kinder und Eltern werden vom Vorbereitungsteam begrüßt. Jedes Kind bekommt einen Aufkleber, s.u.* **M1**, *auf sein Fahrzeug – Bobbycar, Dreirad, Roller oder Kinderwagen –, auf den sein Name geschrieben wird. Dann werden die Fahrzeuge vor der Kirche eingeparkt mit dem Hinweis, dass sie nach dem Gottesdienst noch gebraucht werden; ggf. auch, dass der Parkplatz während des Gottesdienstes „bewacht" wird.)*

GLOCKENLÄUTEN
> *(Kinder, Eltern und Pastor/in treffen sich vor der Kirchentür)*

BEGRÜSSUNG UND KREUZZEICHEN

> Pastor/in:
> Wir sind hier zusammen
> im Namen des Vaters, der uns lieb hat
> (*sich die Wange streicheln*),
> im Namen des Sohnes, der uns kennt
> (*sich an die Brust tippen*)
> und im Namen des Heiligen Geistes, der uns umgibt
> (*sich selbst umarmen*).
> Alle: Amen.

KREIS   im Eingangsbereich der Kirche

LIED UND BEWEGUNG

> Ausgang und Eingang (EG 175)
> (*Bewegung*, s. M2)

GEBET

> Eine Mutter / ein Vater:
> Lieber Vater im Himmel!
> Es ist gut zu wissen, dass du bei uns bist und
> uns begleitest,
> auch dann, wenn uns etwas Unbekanntes bevorsteht,
> wenn wir zu Neuem aufbrechen.
> Viele von uns werden in den nächsten Wochen
> in die Ferien fahren.
> Für einige von uns beginnt anschließend mit
> der Kindergartenzeit
> etwas Neues, etwas noch Unbekanntes.
> Du hast Abraham gesegnet und auf seinem
> Weg begleitet.
> Unter deinen Segen wollen wir uns heute stellen.
> Mach uns zum Segen für andere!
> Lass uns deine Nähe jetzt und in Zukunft immer
> spüren.
> Umgib uns mit deinem Schutz.
> Amen.

ERZÄHLUNG UND AKTION

> Mit Abraham auf die Reise gehen
>
> Erzähler/in:
> Ich möchte euch eine Geschichte erzählen. Bitte macht
> es euch bequem (*Polster liegen bereit*). Bevor es losgeht,
> zünde ich hier in der Mitte zwei Kerzen an. Diese große
> hier für Abraham, die kleine für seinen Sohn Isaak. Ich

stelle mir vor, dass Abraham seinem kleinen Jungen diese Geschichte so erzählt hat, wie ich sie jetzt euch erzähle.

Damals, erzählt Abraham, hatten wir noch kein Kind, deine Mutter Sara und ich. Wir haben in Haran gewohnt. Ganz weit weg von hier. Jeden Tag mussten wir weit laufen, um Wasser zu holen und um Futter zu finden für unsere Schafe und Ziegen. Und abends waren wir sehr müde und gingen früh schlafen. Aber eines Abends geschah etwas: Ich hörte eine Stimme. Aber ich konnte keinen Menschen sehen!

„Abraham", sagte da jemand, „du musst dich auf den Weg machen. Morgen sollst du verreisen!" – „Verreisen", sagte ich, „aber wohin denn?" – „Du sollst mit deiner Familie und deinen Tieren umziehen", sagte die Stimme. „Ich zeige dir ein neues Land. Da sollt ihr wohnen. Sara und du, ihr sollt eine große Familie werden. Ihr sollt noch Kinder kriegen und Enkelkinder. Aber erst mal müsst ihr losgehen. Gleich morgen!" Das sagte die Stimme zu mir.

Ich konnte nicht einschlafen. Ich war zu aufgeregt. Morgen sollte ich verreisen! Umziehen! Und ich wusste nicht mal, wohin! Da habe ich die Stimme noch mal gehört: „Hab' keine Angst, Abraham. Mach' dir keine Sorgen. Ich bin bei dir!" Da wusste ich auf einmal, dass die Stimme zu Gott gehörte. Und am nächsten Morgen haben deine Mutter und ich unsere Sachen gepackt.

Moderator/in:

Von uns hier werden sicher auch bald einige ihre Sachen packen und verreisen. Nicht gleich umziehen – aber in den Urlaub fahren oder Freunde besuchen. Ich habe hier einen großen Koffer (*öffnet ihn*). Seht ihr, er ist noch ganz leer. Aber in diesem Tuch sind eine Menge Sachen, die wir in den Koffer packen können (*knotet das Tuch auf, breitet die Sachen aus*). Guckt sie euch gut an. Sucht euch aus den Sachen ein Ding aus, das ihr in den Koffer packen wollt! .... Wer etwas gefunden hat, nimmt es sich und setzt sich damit wieder hin.... Wenn ihr etwas einpacken wollt, was hier bei den Sachen auf dem Tuch nicht dabei ist, dann könnt ihr es einfach sagen, und wir tun es eben in Gedanken in den Koffer .... Jetzt packen wir die Sachen ein. Ich packe eine Sonnenbrille ein (*nach und nach zeigen und benen-*

nen die Kinder und Erwachsenen die von ihnen gewähl-
ten Gegenstände und legen sie in den Koffer). Haben wir
alles, was wir für die Reise brauchen, oder fehlt noch
etwas Wichtiges? … Dann mache ich den Koffer zu.

LIED Ich möcht', dass einer mit mir geht (EG 209, 1.2)

Erzähler/in:
Abraham erzählt weiter: Es waren eine Menge Sachen, die
wir eingepackt haben, als wir loszogen. Die haben wir
dann lange mitgeschleppt. Viele Tage sind wir gewandert.
Über Sand und Steine, über stachelige Wiesen und auf
schönen Wegen. Manchmal war es schön, unterwegs zu
sein. Und manchmal hatten wir es satt. Aber wir wussten:
Gott ist bei uns. Er geht immer mit, auch wenn wir ihn
nicht sehen können. Und das war wichtiger als alles, was
wir für die Reise eingepackt hatten.

Dann sind wir angekommen. Wir haben ein schönes
Land gefunden. Mit Platz für uns und unsere vielen
Sachen und für all unsere Tiere und auch für Kinder.
Da wohnen wir jetzt immer noch. Und Gott ist immer
noch bei uns. Daran denken wir. Abends, wenn wir
schlafen gehen, und morgens, wenn wir aufstehen.
Wenn wir hier bleiben und wenn wir los müssen. Wenn
es ein Tag wie jeder andere ist und auch dann, wenn wir
etwas ganz Besonderes vorhaben. Gott ist bei uns!

So erzählt Abraham seinem kleinen Jungen, Isaak.

LIED Ich möcht', dass einer mit mir geht (EG 209, 3.4)

Moderator/in:

Wir nehmen jetzt unseren großen Koffer mit und machen uns auch auf den Weg. Wir wandern ein Stück durch die Kirche (*gemeinsamer Weg bis zum Altarraum; dabei wird die Melodie des eben gesungenen Liedes noch weiter gesummt*).

Pastor/in:

Das war schon ein ziemliches Stück Weg. Seid ihr auch so müde? Stell doch mal den Koffer ab. Lasst uns eine Pause machen und uns stärken! Wir haben selbst gebackenes Brot hier und Wasser. Mit Brot und Wasser haben sich auch Abraham und Sara unterwegs wieder gestärkt (*Brot und Wasser werden auf dem Koffer ausgebreitet und verteilt*).

Brot und Wasser – das gibt neue Kraft. Und auch das gibt uns Kraft: Wir wissen, dass Gott bei uns ist, derselbe Gott, der mit Abraham auf die Reise gegangen ist. Wenn wir jetzt hier zusammen sitzen, ist er da und wenn wir wieder allein sind. Wenn wir einen Riesenkoffer dabei haben und wenn wir gar nichts weiter mitnehmen. Wenn wir mit dem Zug verreisen oder mit dem Bobbycar vor dem Haus rumfahren. Egal, wo wir sind. Egal, wohin wir gehen: Gott geht mit uns und mit denen, an die wir denken. An die denken wir, die wir lieb haben und an die, die wir nicht kennen; an die, die nah sind, und an die, die weit weg sind. Alle schließen wir mit ein, wenn wir jetzt das Vaterunser beten. Dazu bitte ich euch aufzustehen.

Vater unser im Himmel …

LIED   Komm, Herr, segne uns (EG 170)

SEGEN   Pastor/in: Der Herr segne dich und behüte dich …

BOBBYCAR-PARCOURS VOR DER KIRCHE

(*Beim Hinausgehen werden die Bobbycars und anderen Fahrzeuge wieder bestiegen. Rund um die Kirche befindet sich nun ein Parcours mit einigen Hindernissen, den die Kinder mit ihren Bobbycars befahren können. Saft, Tee und Kekse stehen bereit, ebenso einige Stühle für die Erwachsenen.*)

Vorbereitung

Material

- pro Kind ein Aufkleber in Fußform (*wurden von uns aus farbiger Deko-Folie ausgeschnitten; s.* **M1**) und wasserfeste Folienstifte für die Namen der Kinder
- ein großer Koffer
- Gegenstände, die als „Reisegepäck" der Kinder und Erwachsenen in den Koffer gepackt werden können. Es sollten mindestens anderthalb Mal so viele Gegenstände sein, wie Teilnehmer erwartet werden, damit jeder etwas auswählen kann
- große Decke für die Gegenstände
- ein selbst gebackenes Brot (Rezept, s. **M3**)
- ein Krug Wasser
- Trinkbecher
- Liederzettel oder Gesangbücher

Für den Parcours:

Stühle und eine Decke für einen Tunnel; ein hölzerner Sandkastendeckel und ein Ziegelstein für eine befahrbare Wippe; Kreide zum Markieren der „Straße"; eine Schüssel Wasser und einige Lappen und Bürsten für eine Waschanlage; falls vorhanden: Kegel, Absperrband, Verkehrszeichen usw.; ein Tisch für die Erfrischungen; Tee, Saft und Kekse.

Der Phantasie sind keine Grenzen gesetzt! Der Parcours erfordert allerdings, solange er geöffnet ist, Hilfestellung durch Erwachsene (oder Konfirmanden).

Wortbeiträge und Aktion

Alle Wortbeiträge können von jedem Mitglied des Vorbereitungskreises gesprochen werden. Es empfiehlt sich aber, die in allen Gottesdiensten wiederkehrenden liturgischen Stücke komplett oder teilweise von ein und derselben Person sprechen zu lassen.

Beim Kofferpacken ist es wichtig, für die einzelnen Schritte genügend Zeit zu lassen, damit die „Mitreisenden" Gelegenheit haben, sich mit dem für sie wichtigen Gegenstand vorzustellen und so spielerisch in die „Reisegesellschaft" einzutreten.

Vor dem Gottesdienst

- Parcours markieren und aufbauen (dauert sicher eine halbe Stunde!)
- Polster für einen Sitzkreis am Boden, zwei Kerzen und Streichhölzer bereit legen
- mitgebrachte Gegenstände in die Decke knoten und Decke und leeren Koffer im Eingangsbereich, aber noch nicht sichtbar bereitlegen
- Brot, Wasser und Trinkbecher auf oder neben dem Altar bereitstellen
- Am Eingang stehen Eltern, die für jedes Kind einen Aufkleber mit seinem Namen beschriften und helfen, ihn an seinem Fahrzeug (Bobbycar, Dreirad, Kinderwagen etc.) zu befestigen. Die Fahrzeuge werden dann vor der Kirche geparkt (evtl. ist „Bewachung" nötig)
- Liederzettel oder Gesangbücher verteilen
- Altarkerzen anzünden

(Bobbycar-Aufkleber; Fußform, „Simon")

Bewegung zum Lied „Ausgang und Eingang"

Text und Kanon für 4 Stimmen: EG 175

Beginn: Alle stehen im Kreis, ohne sich bei den Händen zu halten.

1. Ausgang

   und Eingang

*nach oben geöffnete Hände
vor dem Oberkörper waagerecht
zur Mitte ausstrecken
und wieder heranziehen*

2. Anfang und Ende

*Hände und Arme über Kreuz
vor dem Körper nach oben,
dann Arme und geöffnete Hände
seitlich nach unten führen*

3. liegen bei dir, Herr,

*Hände und Arme vor dem Körper
nach oben führen, ausstrecken*

4. füll du uns die Hände.

*Hände vor dem Körper sinken lassen,
dabei kommen die Hände in Brusthöhe
zu einer „Schale" zusammen, die
dann für 1. wieder geöffnet wird.*

Brotrezept (Hefe-Zopf)

1 Würfel Hefe (42 g), 300 ml lauwarme Milch, 1 Esslöffel Zucker, 1000 g Mehl, 75 g Zucker, 1 Prise Salz, 4 Eier, 100 g Butter.
Zum Bestreichen: 2 Esslöffel Sahne

Aus den Zutaten einen Hefeteig bereiten. Den Teig zugedeckt an einem warmen Ort 1 Stunde gehen lassen.
Dann gut durchkneten und in zwei Hälften teilen.
Aus jeder Hälfte drei dünne Stränge formen, sie mit Mehl bestäuben und je einen Zopf von 40 cm Länge formen.
Die Zöpfe auf das Backblech legen und zugedeckt weitere 30 Minuten gehen lassen. Danach die Zöpfe mit der Sahne bestreichen.

Bei 180 - 200 Grad auf mittlerer Schiene 40 Minuten backen.

Übrigens: Der Teig eignet sich auch für kleineres Gebäck, z.B. Kringel, Brezeln. Entsprechend kürzer backen!

Was Angsthasen im Sturm erleben

Markus 4, 35-41

Thema und Inhalte

Im Mittelpunkt des Gottesdienstes steht die Erzählung von der Sturm-stillung (Mk 4, 35-41). In einer Situation der Angst und Bedrohung wird Jesus angerufen. Er ist, obwohl zunächst nicht sichtbar, bei seinen Freunden und bringt die bedrohlichen Stürme und Fluten zum Schweigen.

Im Erzählen und Spielen soll die Geschichte Kindern und Erwachse-nen transparent werden für die eigenen Erfahrungen von Angst und Geborgenheit, von Versinken und Gerettetwerden, von Zweifeln und Glauben.

Wir legen in diesem Gottesdienst den Schwerpunkt nicht auf die Frage nach der Glaubensstärke der Jünger, sondern auf die Verkündi-gung der befreienden Gegenwart Jesu. An ihn können wir uns halten, wenn wir ganz konkrete Ängste haben – aber auch, wenn es uns schwer fällt, an Gottes Gegenwart zu glauben.

Übersicht

GLOCKENLÄUTEN

BEGRÜSSUNG UND KREUZZEICHEN

KREIS (im Eingangsbereich der Kirche)

LIED: Das wünsch' ich sehr (EG-NB 608)

GEBET

MITSPIEL-ERZÄHLUNG IM ALTARRAUM:
Was Angsthasen im Sturm erleben

MIT LIED: Das wünsch' ich sehr (s.o.)

LIED: Halleluja, suchet zuerst Gottes Reich in dieser Welt (EG 182)

VATERUNSER

SEGEN

ZUM MITNEHMEN: Papier-Faltschiffe

Zeitbedarf: 30 Minuten

Die Schritte im Einzelnen

GLOCKENLÄUTEN
> *(Kinder, Eltern und Pastor/in treffen sich draußen am Eingang der Kirche)*

BEGRÜSSUNG UND KREUZZEICHEN
> Pastor/in:
> Herzlich willkommen! Wir fangen wie immer hier draußen an, und zwar mit unserem Kreuzzeichen. Dabei könnt ihr und können Sie alle mitmachen:
>
> Wir sind hier zusammen
> im Namen des Vaters, der uns lieb hat
> *(sich die Wange streicheln)*,
> im Namen des Sohnes, der uns kennt
> *(sich an die Brust tippen)*
> und im Namen des Heiligen Geistes, der uns umgibt
> *(sich selbst umarmen)*.
> Alle: Amen.

KREIS
> im Eingangsbereich der Kirche
> Eine Mutter / ein Vater:
> Bevor wir gleich vorn in der Kirche einiges Aufregende erleben, machen wir hier hinten einen großen Kreis. So groß, dass wir uns alle anschauen können. (*Zeit lassen zum Kreis bilden!*) Und jetzt singen wir das erste Lied auf dem Zettel.

LIED
> Das wünsch' ich sehr (EG-NB 608)

GEBET
> Eine Mutter / ein Vater:
> Gott, Vater im Himmel,
> es ist schön zu leben
> und größer zu werden
> und die Welt zu entdecken.

Manchmal sind wir mutig
und trauen uns eine Menge zu.
Manchmal haben wir aber auch Angst
und möchten uns am liebsten irgendwo verkriechen.
Du bist da, Gott,
wie ein Vater oder eine Mutter
oder ein Freund.
Wenn wir es schön haben, bist du da
und auch, wenn wir es schwer haben.
Du bist immer da.
Wir danken dir dafür!
Amen.

MIT-SPIEL-ERZÄHLUNG

Was Angsthasen im Sturm erleben

Moderator/in:
Kommt mit nach vorn vor den Altar! Da hören wir eine
Geschichte und erleben sie auch richtig *(alle gehen in
den Altarraum und machen es sich auf Polstern
bequem)*.

Erzähler/in:
„Was Angsthasen im Sturm erleben" – das steht auf
dem Einladungszettel. Aber eigentlich sind die Leute,
von denen ich jetzt erzählen will, keine Angsthasen,
jedenfalls nicht mehr, als ich es bin und als ihr es seid.
Ich habe meistens Mut. Angst habe ich nur manchmal,
zum Beispiel, wenn ich zum Zahnarzt muss. Moritz hier
ist auch meistens sehr mutig. Angst kriegt er eigentlich
nur, wenn ich ihn unter die Dusche stelle. Und ihr,
Kinder und Eltern, seid sicherlich meistens eher mutige
Menschen. Auch die Jünger von Jesus sind mutig. An
dem Tag, von dem ich erzählen will, sind sie mit Jesus
am See gewesen. Sie haben viele Leute gesehen. Jesus
hat viel geredet und viele Geschichten von Gott erzählt.
Und jetzt sind sie müde. „Lass uns über den See fahren
und uns irgendwo hinsetzen, wo keine anderen Leute
mehr sind", sagt Andreas. Und sie steigen in ein
Fischerboot, Jesus und seine Freunde.

Moderator/in:
So ein Boot wollen wir uns jetzt bauen. Aber zuerst
brauchen wir das Wasser. Ich bitte die Eltern, dieses
große Tuch hier auszubreiten. Das ist das Wasser, der

See Genezareth. Ihr Kinder könnt mal reinfassen: Sehr kalt ist es nicht, aber auch nicht warm. Jetzt das Boot: Erst bauen wir den Boden. Dazu können wir die Polster nehmen *(Polster werden als Schiffsboden zusammengelegt)*. Wir Großen bilden die Reling, die um das Boot herumgeht *(Eltern fassen sich bei den Händen oder Schultern und bauen so den Umriss des Bootes)*. So, jetzt könnt ihr Kinder einsteigen. Wir Erwachsenen außen herum sind das Boot und ihr Kinder drinnen seid jetzt die Jünger, die mit Jesus im Boot sitzen.

Erzähler/in:
Nachdem nun alle eingestiegen sind, fährt das Boot los, über den großen See. Jesus ist müde. Er legt sich unten im Boot schlafen *(evtl. übernimmt ein größeres Geschwisterkind pantomimisch die Rolle von Jesus)*. Und dann kommt Wind auf, ein starker Wind.

Moderator/in:
(beginnt durch Pusten und Bewegungen den Wind und das schaukelnde Schiff darzustellen; Eltern und Kinder machen spontan mit, auch das Tuch wird bewegt)

Erzähler/in:
Die Leute im Boot, die Freunde von Jesus, kriegen Angst. Überall sind hohe Wellen und das Boot schaukelt immer wilder. Schließlich fängt einer an zu singen: „Das wünsch' ich sehr, dass immer einer bei mir wär' …", und die anderen singen mit.

LIED Das wünsch' ich sehr (EG-NB 608)

Erzähler/in:
Ja, so haben sie gesungen und dabei auch ein bisschen Mut gekriegt. Aber der Sturm hört nicht auf *(Moderator/in regt wieder Begleitgeräusche und -bewegungen an)*. Das Schiff schaukelt hin und her. Immer wilder schaukelt es. Wellen kommen hinein und die Leute im Boot werden ganz nass. Die Jünger haben Angst: Wir gehen unter!

Und Jesus? Was macht denn Jesus? Er schläft ganz ruhig, mitten im Sturm. „Wir müssen ihn wecken!", sagen die Jünger. Sie gehen zu Jesus und rütteln ihn wach *(die Kinder tun dies; evtl. ist Moderation nötig)*. „Jesus, wach' auf, wir gehen unter! Ist es dir denn ganz egal, was mit uns passiert? Es ist Sturm, wie kannst du da schlafen! Du musst uns helfen!"

Jesus steht auf. „Warum habt ihr denn solche Angst?", fragt er. „Ich bin doch bei euch!"

Jesus sieht sich die Wellen und den Wind an *(Sturmgeräusche und Schaukeln werden noch einmal besonders heftig)*. Er ruft: „Schweig still, Sturm! Sei ruhig, Wasser!" Da wird es ganz still. Kein Sturm mehr zu hören. Keine Wellen mehr zu sehen. Der See ist ganz glatt. *(Stille)*

Die Jünger staunen. „Gut, dass du da bist, Jesus. Gut, dass du helfen kannst. Gut, dass wir im Sturm nicht allein waren!"

Ja, liebe Kinder, liebe Eltern – gut, dass Jesus da ist. Wir sind nicht allein – das merken wir uns. Daran können wir denken, wenn wir doch mal wieder Angst kriegen.

LIED   Halleluja, suchet zuerst Gottes Reich in dieser Welt (EG 182, 1) *(evtl. kann von den Erwachsenen auch Strophe 9 dazu gesungen werden)*

VATERUNSER

SEGEN   Pastor/in:
Der Herr segne dich und behüte dich…

ZUM MITNEHMEN:
Papier-Faltschiffe
(Neben dem Schiff werden aus einem Korb die vorbereiteten Papierschiffchen verteilt. Die Kinder verlassen das große Schiff, der „Boden" wird abgebaut und das „Wasser" eingerollt)

Vorbereitung

Material

– Polster oder Sitzkissen, die zuerst für den Erzählkreis, später als Boden des Bootes verwendet werden *(z. B. Stuhlkissen oder Teppichreste)*
– ein großes Schwungtuch oder eine blaue Plastikplane als „Wasser" *(ein Schwungtuch kann evtl. von Sportverein, Krabbelgruppe oder Kindergarten ausgeliehen werden)*
– Papierschiffchen für jedes teilnehmende Kind zur Erinnerung *(aus verschieden farbigem Tonpapier gefaltet, Anleitung s. u., Jesus und seine Freunde, Teil II, Material, S. 143).*
– Liederzettel oder Gesangbücher

Wortbeiträge und Spiel

In der Erzählung wurden bewusst wichtige Aspekte der biblischen Geschichte Mk 4, 35-41 weggelassen: Die Rüge Jesu wegen des Kleinglaubens seiner Jünger – und deren Furcht angesichts der Macht Jesu, Wind und Wellen zu gebieten (V. 40 und 41). Mit Rücksicht auf die Zielgruppe verzichten wir auf die Übertragung dieser den Glauben der Jünger und den Anspruch Jesu reflektierenden Gedanken und lassen es bei dem einfachen Zuspruch: Jesus ist da, wenn die Wellen über dir zusammenschlagen, wenn du Angst hast.

Die Erzählung wurde nach Stichworten frei und in Kommunikation mit den teilnehmenden Kindern und Erwachsenen gestaltet. Wer sie lieber vorlesen möchte, sollte sich viele Pausen markieren, damit die Kinder mit ihrer Vorstellung nachkommen und evtl. eigene Gestaltungsideen entwickeln können (am besten vorher für sich einmal lesen und dabei in voller Länge selber spielen!). Dass eine andere Person („Moderator/in") die Anleitung des Spiels übernimmt, ist hilfreich, weil dann schon während des Erzählens mitgespielt werden kann. Das Spiel kann notfalls auch vom Erzähler bzw. der Erzählerin angeleitet werden.

Während der Erzählung spielen Kinder und Erwachsene jeweils mehrere Rollen gleichzeitig: Die Erwachsenen stellen das Boot dar, in das die Kinder (als Jünger) einsteigen, sollen sich aber auch als Bootsinsassen angesprochen fühlen. Und Kinder wie Erwachsene sollen später durch Geräusche und Bewegung den Sturm und die Wellen darstellen – und am Ende die Stille. Diese Gleichzeitigkeit ist, vor allem für die Kinder, die häufig auch für sich allein so spielen, kein Problem.

Wir schlagen vor, auch die Rolle Jesu spielen zu lassen, damit das Wecken und die Bitte um seine Hilfe lebendiger gestaltet werden können. Wenn nicht einer der Erwachsenen die Rolle übernehmen will, kann es z.B. ein älteres Geschwisterkind tun. Dies kann entweder spontan geschehen oder kurz vorbereitet werden (welche Haltung soll der Wind und Wellen gebietende Jesus einnehmen?).

Vor dem Gottesdienst

- Polster zum Sitzen im Altarraum bereitlegen
- Schwungtuch als „Wasser" unauffällig (!) in der Nähe des Altarraumes bereitlegen
- vor der Kirche Liederzettel oder Gesangbücher verteilen
- für jedes Kind ein Papierschiff bereitlegen
- Altarkerzen anzünden

Ich sehe was, was du nicht siehst

Bartimäus (Markus 10, 46-52)

Thema und Inhalte

Heilungswunder sind ein wichtiger Bestandteil der Evangelien. Die Situation des Blinden ist für Kinder besser nachvollziehbar als die vieler anderer Kranker, denen Jesus sich zuwendet. Wie es ist, für einen Moment nichts sehen zu können, haben viele Kleinkinder von sich aus bereits spielerisch ausprobiert. Die meisten kennen auch das Gefühl, ausgeschlossen und orientierungslos zu sein, wenn sie nachts im Dunkeln einmal wach werden.

Die Blindheit in der Erzählung von Bartimäus hat aber noch eine andere Bedeutung. Sie ist ein Bild für den Glauben: Der Blinde erkennt Jesus, auch wenn er ihn nicht sehen kann, und vertraut ihm. Er ruft ihn und mutet ihm zu, sein Gebrechen zu heilen. Er ist bereit, sein Leben grundlegend verändern zu lassen. Die Umstehenden, auch die Jünger Jesu, sind dagegen blind für das, was im Augenblick notwendig und heilsam ist. Jesus wendet sich dem blinden Bartimäus zu, der ihm vertraut, und heilt ihn.

Unsere Situation ist mit der des Bartimäus vergleichbar. Wir sehen Jesus nicht mit unseren Augen, aber wir hören von ihm. Seine Botschaft, die Augenzeugen berichtet und Christen über Generationen hinweg weitererzählt haben, kann uns auch heute noch heilen und in Bewegung bringen. Auch wenn wir ihn nicht sehen, können wir ihm vertrauen, ihm unseren Kummer und unsere Unzulänglichkeiten zumuten und seine heilende Kraft und Vollmacht als Schöpfer und Erlöser erfahren.

„Ich sehe was, was du nicht siehst!"
Krabbelgottesdienst

Übersicht

GLOCKENLÄUTEN

BEGRÜSSUNG UND KREUZZEICHEN

KREIS (im Eingangsbereich der Kirche)

LIED: Kommt und freut euch (s. Liedteil, Nr. 4)

GEBET

AKTION: Tasten, hören, riechen (im Altarraum)

LIED: Du meine Seele, singe (EG 302, 1 und 2)

ERZÄHLUNG: Bartimäus

LIED: Du meine Seele, singe (EG 302, 6 und 8)

KURZANSPRACHE: „Jesus, hilf mir, ich will sehen!"

VATER UNSER UND SEGENSWORT MIT GESTEN

LIED: Fröhlich gehe ich (ML, C 12, Kehrvers)

ZUM MITNEHMEN: Brezeln oder Brot

Zeitbedarf: 40 Minuten

Die Schritte im Einzelnen

GLOCKENLÄUTEN

> *(Kinder, Eltern und Pastor/in treffen sich vor der Kirchentür.)*

BEGRÜSSUNG UND KREUZZEICHEN

> Pastor/in:
> Herzlich willkommen! Draußen ist es noch hell und wir können viele Farben sehen mit unseren Augen. Um das Sehen geht es heute in diesem Gottesdienst!
> Wer noch nicht weiß, wie wir unsere Krabbelgottesdienste immer anfangen, der kann es sich bei den anderen abgucken:

Wir sind hier zusammen
im Namen des Vaters, der uns lieb hat
(*sich die Wange streicheln*),
im Namen des Sohnes, der uns kennt
(*sich an die Brust tippen*)
und im Namen des Heiligen Geistes, der uns umgibt
(*sich selbst umarmen*).
Alle: Amen.

KREIS	im Eingangsbereich der Kirche
LIED	Kommt und freut euch (s. Liedteil, Nr. 4)
GEBET	Eine Mutter / ein Vater: Lieber Gott, deine Welt ist schön! Wir freuen uns, dass wir sehen können: das Licht der Sonne, die Blumen und Tiere, die Farben in den Kirchenfenstern, die Kerzen auf dem Altar. Danke, dass wir Eltern haben und Freunde, die uns das alles zeigen und denen wir so viele Dinge zeigen können. Amen.
AKTION	Tasten, hören, riechen (im Altarraum)

Moderator/in:
Vorn im Altarraum haben wir etwas für euch vorbereitet. Wir gehen jetzt alle nach vorn und setzen uns im Kreis. *(im Altarraum sind Sitzkissen und Polster um eine große Decke herum angeordnet, auf der mehrere Stoffbeutel mit Gegenständen und Material zum Tasten, Hören und Riechen liegen; s.u. Material. Alle nehmen hier Platz. Der/die Moderator/in nimmt einen der Beutel und hält ihn hoch)* Seht mal, hier habe ich einen Beutel. Was wohl darin ist? *(Schüttelt den Beutel)* Erkennt ihr am Geräusch, was in dem Beutel ist? *(Kinder raten)* Jeder darf mal reinfassen und fühlen. Wir haben mehrere Beutel hier. Ein paar von den Großen halten sie jetzt fest und ihr Kinder könnt herumgehen und in jeden Beutel reinfassen oder ihn schütteln oder daran

riechen. In jedem steckt etwas anderes. *(Kinder, evtl. auch Eltern, gehen von Beutel zu Beutel, erforschen die darin befindlichen Gegenstände, sprechen aus, was sie erkennen)* Habt ihr herausgefunden, was in den Beuteln ist? Wir können eine ganze Menge erkennen, ohne hinzuschauen. Mit unseren Händen können wir tasten, wie sich die Sachen anfühlen. Mit unseren Ohren können wir hören, welche Geräusche sie machen. Manche Sachen erkennen wir, wenn wir daran riechen. Aber jetzt wollen wir uns die Sachen mal ansehen. Jedes Kind darf aus einem Beutel etwas herausholen und auf die Decke legen. *(Kinder nehmen Gegenstände bzw. Materialien aus den Beuteln und benennen sie noch einmal)* Schön, dass wir sehen können und hören und riechen und fühlen! Dafür können wir Gott loben und ihm danken. Wir tun es mit einem alten Lied aus unserem Gesangbuch.

LIED	Du meine Seele, singe (EG 302, 1 und 2)
ERZÄHLUNG	Bartimäus

(Vorschläge zur Illustration oder pantomimischen Gestaltung s.u. Vorbereitung)

Erzähler/in:
Heute will ich euch von einem Mann erzählen, der nicht sehen kann. Er heißt Bartimäus. Er ist blind. Er sitzt am Straßenrand auf der Erde. Neben ihm steht ein Teller. Auf den können die Leute Geld legen. Für das Geld kann Bartimäus sich etwas zu essen kaufen. Er kann nicht arbeiten. Mit seinen Augen kann er nichts sehen. Nicht die Sonne, wie hell sie scheint. Nicht die Häuser an der Straße. Nicht die Leute, die vorbeikommen. Aber er kann hören und riechen und fühlen. Er fühlt die warme Sonne auf seinem Gesicht und den Staub an seinen Händen. Er riecht das frisch gebackene Brot, das die Händler vorbei tragen. Er hört die Schritte der Leute, die vorbeigehen. Und er hört, was sie reden. „Jesus kommt hier vorbei", sagen die Leute. „Durch diese Straße kommt er. Wir wollen ihn sehen. Wir wollen hören, was er sagt."

Jetzt kommt Jesus. Er geht mit seinen Jüngern genau an Bartimäus vorbei. Bartimäus hört, dass Jesus vorbeikommt. Er ruft laut: „Jesus, hilf mir!"

Die Leute drehen sich um. Sie sagen: „Psst, sei still. Schrei nicht so. Du störst Jesus." Aber Bartimäus ruft noch viel lauter: „Jesus! Jesus, hilf mir!"
Jesus bleibt stehen. Er sagt: „Bringt ihn her!" Die Leute sagen zu Bartimäus: „Du kannst froh sein. Steh auf. Jesus will mit dir reden!"
Bartimäus schmeißt seinen Mantel auf die Erde. Er springt auf. Er läuft zu Jesus.
„Was willst du?", fragt Jesus ihn. Bartimäus sagt: „Herr, ich will sehen können!" Jesus sagt: „Du vertraust mir. Du wirst sehen können."
Auf einmal kann Bartimäus sehen. Er sieht Jesus. Er sieht die helle Sonne und die Häuser und die Straße und die vielen Leute. Er sieht seinen Mantel auf der Erde und den Teller mit dem Geld. Bartimäus ist glücklich. Er lässt alles liegen und geht mit Jesus.

LIED   Du meine Seele, singe (EG 302, 6 und 8)

KURZANSPRACHE „Jesus, hilf mir, ich will sehen!"
Pastor/in:
Liebe Kinder, liebe Erwachsene, Bartimäus war blind. Aber trotzdem konnte er etwas Wichtiges sehen. Er konnte sehen, dass Jesus helfen kann. Er wusste, dass Jesus ihn nicht übersehen würde. Obwohl er am Rand saß und im Weg war und mit seinem Geschrei nur störte. Jesus wird mich hören, dachte Bartimäus. Jesus kann mir helfen! Ihr Kinder findet das vielleicht ganz normal. „Mami, Papi, hilf mir!", schreit ihr viele Male am Tag. Und dann helfen sie euch. Uns Erwachsenen fällt es schon schwerer, um Hilfe zu bitten. Obwohl wir uns auch manchmal blind fühlen. Wenn wir Sorgen haben und keinen Ausweg sehen. Wenn wir unsere Kinder anstrengend und schwierig finden und kein Auge haben für all das Liebenswerte an ihnen. Oder wenn wir uns selbst nicht sehen können. Es ist gut, wenn wir sagen können: Jesus, hilf mir! Und wenn nichts passiert, noch lauter – Kinder, helft mir mal rufen: Jesus, Jesus, hilf mir! Er hört uns. Die Kinder genauso wie die Erwachsenen. Er nimmt unsere Sorgen ernst. Er geht mit uns. Er ist da, auch wenn wir ihn nicht sehen können. So wie Bartimäus ihn nicht sehen konnte. Aber wir hören von ihm, so wie Bartimäus gehört hat: Jesus ist jetzt hier, ganz nahe bei dir. Ihm können wir vertrauen.

Vater unser und Segenswort mit Gesten (s.u. Bausteine)

Lied   Fröhlich gehe ich (ML, C 12, Kehrvers)

Zum Mitnehmen:
              Brezeln oder Brot

              Eine Mutter / ein Vater:
              Heute darf jeder etwas mitnehmen, was gut riecht und
              sich gut anfühlt und gut schmeckt. Man braucht keine
              Augen, um es zu erkennen. Der blinde Bartimäus hätte
              gleich gewusst, was es ist. Ihr wisst es bestimmt auch.
              *(Frisches Backwerk wird aus einem Beutel an alle Kin-
              der verteilt. Wer möchte, kann es zum anschließenden
              Beisammensein mitnehmen.)*

Vorbereitung

Material

– Polster oder Kissen für den Sitzkreis im Altarraum *(falls nicht genügend vorhanden sind, können die Erwachsenen die Kinder auf den
  Schoß nehmen. Möglich ist auch ein Stuhlkreis)*
– Decke für die Mitte und als Unterlage für die Beutel
– Mehrere Baumwoll-Beutel *(s. **M**; falls mit einer sehr kleinen Gruppe
  gerechnet wird, reicht ein Beutel für alle Gegenstände)* mit verschiedenen Gegenständen zum Tasten, Hören und Riechen: Duplo-Steine,
  Kuscheltiere, Wäscheklammern, Holz-Bauklötze zum Tasten; Glöck-
  chen, Babyrassel, Schlüsselbund zum Hören; Zitronen, Seifenstücke,
  Brot oder Brezeln zum Riechen. In einen Beutel jeweils nur eine Sorte
  Gegenstände tun!
– für die Erzählung:
  – ggf. Bild „Bartimäus", in: Meine Bilderbibel, S. 215, auch als Poster
    erhältlich im Buchhandel
  – oder Mantel, Geld-Teller und Augenbinde (Tuch) für Bartimäus
– Liederzettel und Gesangbücher
– Zum Mitnehmen: Ein Tast- und Riech-Beutel mit einer Laugenbrezel
  für jedes Kind *(z.B. Tiefkühl-Brezeln zum Aufbacken aus dem Super-
  markt)* oder Brot zum Teilen *(Rezept, s. Materialteil zu „Segen für die
  Reise", S. 99)*. Brezeln oder Brot können auch beim anschließenden
  Beisammensein gemeinsam verspeist werden.

Wortbeiträge und Aktion

Für die Aktion „Tasten, hören, riechen" soll den Kindern viel Zeit gelassen werden. Die Beutel ermöglichen es auch den Kleinen, die Erfahrung des Blindseins zu machen, ohne sich die Augen verbinden zu lassen, was vielen unangenehm ist oder Angst macht. Die Kleinsten sind noch nicht in der Lage, die wahrgenommenen Gegenstände zu benennen. Sie brauchen viel Zeit zum Hören, Anfassen, Riechen – und hinterher zum Anschauen der ausgepackten Dinge.

Die Bartimäus-Erzählung ist durch die vorangehende Aktion gut vorbereitet. Wer mag, kann sie zusätzlich durch Bilder von Kees de Kort illustrieren (Meine Bilderbibel, S. 192–217). Die entscheidende Szene zeigt das Bild „Und auf einmal kann Bartimäus sehen" (S. 217), auf das man sich gut beschränken kann *(auch als Poster erhältlich, s.o. 4.1)*.

Alternativ zu den Bildern ist ein stummes Rollenspiel möglich: Die Rollen von Bartimäus, zwei oder drei Jüngern und Jesus werden von je einem Mitglied des Vorbereitungsteams gleichzeitig zur Erzählung gespielt. Der/die Erzähler/in sollte den Spielern genug Zeit lassen, um die einzelnen Szenen *(Bartimäus allein am Straßenrand; der vorbeiziehende Jesus mit den Jüngern; die Jünger rufen Bartimäus; die Begegnung von Bartimäus und Jesus)* aufzubauen und zu spielen. Die Kinder brauchen ebenfalls Zeit zum Hören und Sehen. Requisiten: Ein alter Mantel, ein Teller mit Geld, ein Tuch als Augenbinde, die Jesus Bartimäus abnimmt.

Vor dem Gottesdienst

– im Altarraum: Sitzkreis mit Decke und Beuteln vorbereiten
– Bild für die Erzählung oder Requisiten für das Rollenspiel an unauffälliger Stelle bereitlegen
– Beutel mit Brot oder Brezeln zum Mitnehmen bereitlegen
– Liederzettel und Gesangbücher verteilen
– Altarkerzen anzünden

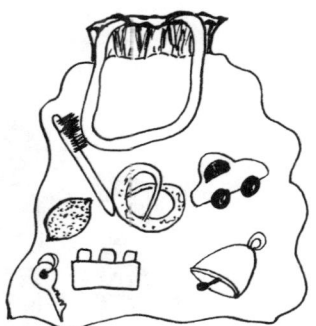

Beutel zum Tasten, Hören und Riechen:

Bei einem Baumwoll-Einkaufsbeutel 1cm der Naht an der Öffnung auftrennen, ein Stück Gummilitze einziehen und die Enden so verknoten, dass man bequem in den Beutel hineinfassen kann, ohne den Inhalt zu sehen. Beutel füllen.

Wachsen wie ein Senfkorn

Markus 4, 30-32

Thema und Inhalte

Im Frühling erleben die Kinder das Ausschlagen der jungen Triebe an den Bäumen, das Wachsen, Grünen und Blühen der Blumen. Manche dürfen mit ihren Eltern den Garten bestellen, dürfen helfen, Blumen und Gemüse zu pflanzen und zu säen.

Viele Kinder, gerade in der Stadt, haben allerdings weniger Zugang zu den Vorgängen in der Natur oder zur Gartenarbeit. Trotzdem dürfte auch ihnen der elementare Vorgang des Säens schon früh vertraut sein. Dass man da etwas in Gang bringt, dann aber nichts mehr tun kann, warten und Geduld haben muss, sich überraschen lassen kann, das lehrt die Aussaat von Pflanzen. Im Übrigen wird Kindern das auch an sich selbst klar, Großwerden braucht Geduld, geht unsichtbar vor sich.

Der Wachstumsvorgang ist ein Wunder und ein Hinweis auf Gott den Schöpfer, der alles so geheimnisvoll und großartig eingerichtet hat.

Das Gleichnis vom Senfkorn nimmt diesen Naturvorgang auf und vertieft ihn: so ist es mit dem Reich Gottes. Es hat kleine unscheinbare Anfänge, aber in ihnen steckt schon das ganze, zu dem es wächst. Es kommt von selbst aus dem Korn, der Mensch tut wenig dazu.

Die Menschen haben bei Saat und Ernte Geduld und selbstverständliches Zutrauen zu Gottes Tun, diese Haltung sollen sie auch dem Wachsen des Reich Gottes gegenüber haben.

Übersicht

GLOCKENLÄUTEN

BEGRÜSSUNG

KREIS (im Eingangsbereich der Kirche)

LIED: Kommt alle her, hali halo (MKL 146)

GEBET

AKTION

LIED UND BEWEGUNG: Alles muss klein beginnen (MKL 155)

GLEICHNIS VOM SENFKORN

LIED: Glaube wie ein Senfkorn (s. Liedteil, Nr. 5)

VATERUNSER

SEGEN

LIED: Danke für diesen guten Morgen (EG 334)

Zeitbedarf: 20 Minuten

Die Schritte im Einzelnen

GLOCKENLÄUTEN

(Kinder, Eltern und Pastor/in treffen sich vor der Kirchentür)

BEGRÜSSUNG   Pastor/in:
Ist das ein schöner, sonniger Tag heute. Alles wird grün und blüht und wächst in der Natur und zu Hause in eurem Garten. Auch in der Kirche soll etwas wachsen. Heute schauen wir uns an, wie das geht.

Wir beginnen den Gottesdienst – ihr wisst noch, dabei könnt ihr mitmachen:
Im Namen des Vaters, der uns lieb hat
(sich die Wange streicheln),
im Namen des Sohnes, der uns kennt
(sich an die Brust tippen)
und im Namen des Heiligen Geistes, der uns umgibt
(sich selbst umarmen).
Alle: Amen.

KREIS	im Eingangsbereich der Kirche
LIED	Kommt alle her, hali halo (MKL 146)
GEBET	Eine Mutter / ein Vater:

Lieber Gott,
dir gehört die ganze Welt.
Die Blumen und die Bäume,
die Tiere und die Menschen,
große und kleine.
Wir gehören alle zusammen zu dir.
Du lässt uns wachsen, du sorgst für uns.
Wir freuen uns auf die Zeit,
wenn wir einmal groß sind.
Danke, dass wir alles haben,
was wir zum Wachsen brauchen.
Wir freuen uns darüber.
Wir lachen und singen fröhliche Lieder.
Du sollst dich auch freuen über uns.
Amen.

AKTION

(Auf einer großen Plane im Altarraum stehen Blumentöpfe, Erde, Sonnenblumensamen, kleine Gießkannen, kleine Schaufeln)

Die Kirche ist da vorn heute beinahe in eine Gärtnerei verwandelt. Kommt, wir schauen uns das einmal genau an. Hier steht alles Mögliche, was man zum Pflanzen braucht:
... *(Kinder zählen auf, was sie sehen, vielleicht auch, was fehlt, sagen, wofür man was braucht)*
Ihr könnt jetzt selbst euren eigenen Blumentopf mit Blumen einsäen. *(Kinder bekommen Blumentopf, Erde, Samen, die Eltern helfen beim Säen)* Wenn ihr fertig seid, stellt eure Blumentöpfe hier vor den Altar.

LIED MIT BEWEGUNGEN

Alles muss klein beginnen
(MKL 155; andere Bewegungen, s.u. Vorbereitung)

GLEICHNIS VOM SENFKORN

So klein ist der Same und dabei steckt eine Sonnenblume darin. Die kann so groß werden wie ihr, dass ihr euch dahinter verstecken könnt.
Das sieht man dem Korn gar nicht an, ihr könnt die Sonnenblume auch nicht dazu bringen, dass sie heraus-

kommt, sie muss von selbst wachsen. Ihr legt den Samen in die Erde und dann müsst ihr warten. Natürlich gießt ihr immer, aber mehr könnt ihr nicht tun. Ihr müsst Geduld haben. Erst kommen kleine grüne Blätter und dann wächst der Stiel immer höher und irgendwann kommt eine Knospe und die Blüte geht auf und ist leuchtend gelb wie die Sonne. Die Bienen können Honig daraus saugen und die Vögel picken an den Kernen.

Das kommt alles von allein. Ihr wachst ja auch von allein. Klar müsst ihr essen und trinken, aber über Nacht seid ihr gewachsen und habt selbst nicht gemerkt, wie das ging.

Ihr wollt gern groß werden, weil ihr dann viel mehr dürft und könnt, *(Kinder zählen auf)* in den Kindergarten gehen oder in die Schule, Fahrrad fahren lernen und lesen.

Ich glaube, eure Eltern möchten euch gern noch ein bisschen klein haben. Ist das so? *(Anrede an die Erwachsenen)* Wir Erwachsenen sehen die Probleme, die mit dem Wachsen der Kinder auch größer werden können, die möglichen Gefahren, die überall lauern, je weiter sie sich von zu Hause abnabeln.

Die Kinder sehen ihr Wachsen ganz unproblematisch, weil sie Vertrauen haben, dass alles gut geht für sie und alles ganz natürlich zu seiner Erfüllung kommt. Je älter wir werden, desto mehr gute und schlechte Erfahrungen haben wir gemacht, verlieren das unbefangene selbstverständliche Vertrauen in die Zukunft.

So ein kleines Samenkorn, so ähnlich wie ihr es eingepflanzt habt, hat Jesus seinen Jüngern gezeigt und hat gesagt, so wie dieser kleine Samen von allein groß wird, so ist das auch mit eurem Leben.

Es fängt klein an, aber ganz von allein wird es zu dem werden, was Gott in es hineingelegt hat. Ihr könnt darauf vertrauen, Gott lässt alles wachsen.

Er fängt mit jedem von uns klein an, aber er weiß, was daraus Großes wird. Wir buddeln die Samenkörner nicht aus und gucken nach, ob sie schon gewachsen sind. Dann gehen sie kaputt. Wir lassen sie in Ruhe und vertrauen darauf, dass etwas Schönes aus ihnen wird.

Auch in unserem Leben können wir nicht bei allem sehen, was daraus wird. Wir müssen Geduld haben. Wir vertrauen, dass Gott etwas Großes und Schönes daraus wachsen lässt. Jesus sagt, das Reich Gottes kommt von allein. Es ist wie die große Blume, die aus dem kleinen Anfang wächst. Der kleine Anfang ist unser Leben.

LIED Glaube wie ein Senfkorn (s. Liedteil, Nr. 5)

VATERUNSER Pastor/in:
Wir falten die Hände und werden still zum Beten, wer das Vaterunser schon kennt, kann es mitsprechen.

Vater unser im Himmel…

SEGEN Zum Segen können die Eltern ihren Kinder die Hand auf den Kopf legen.

Der Herr segne dich und behüte dich…

LIED Danke für diesen guten Morgen (EG 334)

Vorbereitung

Material

- große Plane oder Plastikunterlage
- Blumentöpfe
- Blumenerde
- Blumensamen (z.B. Sonnenblumen, möglich auch Senfkörner)
- kleine Schaufeln
- kleine Gießkannen
- Liederzettel

Wortbeiträge und Aktionen

Die Aktion richtet sich an die etwas größeren Kinder. Bei den kleineren muss man aufpassen, dass sie die Erde nicht in den Mund stecken. Die Kinder lieben es, mit der Erde und dem Wasser zu matschen. Es bedarf einiger Aufsicht und auch Begrenzung.

Vor dem Gottesdienst

- Pflanzaktion vorbereiten
- Liederzettel verteilen
- Altarkerzen anzünden

Bewegung zum Lied „Alles muss klein beginnen"

Text: MKL 155 (dort andere Bewegungen)
Beginn: Alle stehen im Kreis, ohne sich bei den Händen zu halten

Refrain:

1. Alles muss klein beginnen   *sich bücken, Hände flach über den Fuß-boden halten*

2. Lass etwas Zeit verrinnen   *sich langsam aufrichten und dabei die Hände aneinander reiben*

3. Es muss nur Kraft gewinnen *aufrecht stehen, die Arme nach oben anwinkeln und die Fäuste ballen*

4. und endlich ist es groß   *die Fäuste lösen, die Arme rund machen, im Kreis über dem Kopf zusammen-führen*

Abraham vertraut Gott

1. Mose 15, 1-6

Thema und Inhalte

Abraham ist ein Glaubenszeuge, ein Vater im Glauben. Für die Kinder liegt es näher, ihn „Großvater" zu nennen. Viele werden einen Großvater haben, den sie befragen können, der aus seinem Leben Geschichten erzählt, vielleicht sogar Glaubensgeschichten, der Rat und Hilfe weiß.

Abrahams Geschichte soll den Kindern zeigen, dass man Gott alles sagen kann, sogar den Ärger, die eigene Enttäuschung über ihn, denn das hat Abraham erfahren. Er hat aber auch erfahren, dass Gott sein Versprechen hält, obwohl er die Hoffnung schon aufgegeben hatte, weil alles dagegen sprach.

Gott kann man vertrauen, auch wenn er auf sich warten lässt. Er hat den Überblick über die Schöpfung, für deren Größe und Weite der Sternenhimmel ein Symbol ist. Gott hat alles eingerichtet, geordnet, bedacht, gezählt – wir können das nicht. Auch wenn wir seinen Plan nicht verstehen, wir können darauf vertrauen, dass er weiß, wann und wo und wie wir seine Hilfe brauchen. Er vergisst keinen in seinem großen Reich.

Übersicht

BEGRÜSSUNG UND NAMENSRUNDE

LIED: Kommt und freut euch (s. Liedteil, Nr. 4)

ERZÄHLUNG AUS DER PERSPEKTIVE ABRAHAMS

LIED: Weißt du, wieviel Sternlein stehen (EG 511)

KERZE BASTELN

LIED: Weißt du, wieviel Sternlein stehen (EG 511)

GEBET

SEGEN

Zeitbedarf: 20 Minuten

Die Schritte im Einzelnen

BEGRÜSSUNG UND NAMENSRUNDE
(Mitarbeiter/innen, Kinder und Eltern stellen sich mit Namen vor)

LIED   Kommt und freut euch (s. Liedteil, Nr. 4)

ERZÄHLUNG   *(Der/die Erzähler/in hält das Poster oder das Buch mit der aufgeschlagenen Seite „Abraham unterm Sternenhimmel" – s.u. Material – vor ihr Gesicht und schlüpft damit in die Rolle Abrahams)*

Hallo Kinder, schön, dass ihr hier seid. Kennt ihr mich? Ich bin Abraham. Ich bin schon sehr alt, ich bin ein Großvater. Seht ihr, ich habe weiße Haare und einen weißen Bart. Habt ihr auch einen Großvater? Hat er auch einen Bart? *(Die Kinder erzählen)* Eigentlich bin ich sogar Euer Urururur...großvater, der Großvater von eurem Großvater von eurem Großvater. Ich erzähle euch heute etwas, das für mich sehr wichtig und sehr schön war. Wisst ihr, ich habe schon viel erlebt. Meistens ging es mir gut und ich war glücklich. Aber manchmal war ich auch traurig und unglücklich. Das habe ich dann Gott erzählt.

Einmal war ich besonders traurig. Meine Frau und ich waren schon ganz alt, aber wir hatten keine Kinder. Der Bauch von meiner Frau war nie dick und rund geworden, nie war ein Baby daraus geboren worden wie bei eurer Mama, als euer kleiner Bruder, eure kleine Schwester unterwegs war. Wir hatten uns so sehr ein Kind gewünscht. Eure Eltern haben sich ja auch auf euch und eure Geschwister gefreut.

Als ich wieder so traurig darüber war, bin ich – wie schon oft – in der Nacht nach draußen gegangen, habe in den Sternenhimmel geschaut, habe mit Gott geredet und sogar geschimpft: „Guter Gott, du hast mir versprochen, dass du mich segnen willst und dass ich ganz viele Kinder haben soll. Hast du das denn ganz vergessen?" Er hat mir geantwortet: „Lieber Abraham, ich habe das nicht vergessen, aber du musst immer noch Geduld haben. Siehst Du die Sterne am Himmel? Kannst du sie zählen? Wie die Sterne am Himmel, so viele Kinder, Enkel, Urenkel, Ururenkel sollst du

haben." Da habe ich geglaubt, dass Gott sein Versprechen halten wird. Und seht ihr, Gott hat sein Versprechen gehalten. Meine Frau hat ein Baby gekriegt, einen
Sohn, und als er groß war, hat er auch Babys gehabt,
und die wieder neue Babys und so weiter. Schließlich
seid auch ihr geboren. Darum bin ich ja sozusagen euer
Urgroßvater Abraham.

Ich bin heute zu euch gekommen und zeige euch den
Sternenhimmel *(auf den Sternenhimmel zeigen)* und
sage euch: So viele Kinder und Enkel und Urenkel habe
ich. Alle gehören zu Gott. Jeder ist von ihm gewollt,
jedes Leben ist ein Geschenk von Gott. Er kennt jeden
und er hat alle gezählt. Euch kennt Gott auch und hat
euch lieb. Davon singen wir jetzt ein Lied. Ihr kennt es
bestimmt *(legt das Bild wieder weg).*

LIED   Weißt du, wieviel Sternlein stehen (EG 511)

KERZE BASTELN   Hier habe ich eine Kerze. Wir kleben heute auf diese
Kerze lauter Sterne, für jeden von euch einen und noch
viel mehr. Die Kerze können wir dann jedes Mal aus
dem Gottesdienst mitnehmen in unseren Kindergottesdienst. Einer von euch kann sie vom Altar holen. Dann
denken wir daran: Gott kennt die Sterne und jeden von
uns und hat uns lieb.
*(Jedes Kind sticht einen Stern aus, wärmt das Wachs ein
wenig in seiner Hand und klebt ihn auf die Kerze.
Wenn es noch nicht genug sind, werden weitere Sterne
für Geschwister und Freunde ausgestochen und aufgeklebt.)*

*(Wenn Zeit ist, kann hier das Lied „Weißt du, wieviel
Sternlein stehen" wiederholt werden.)*

Gebet   Danke, lieber Gott, für diesen schönen Sonntag.
Danke, dass du uns kennst und lieb hast.
Danke, dass wir dir vertrauen können
und dir alles sagen können,
wie Abraham dir vertraut hat und mit dir geredet hat.
Bitte, behüte uns. Amen.

SEGEN Zum Segen bilden wir einen Kreis. Die Erwachsenen
können dabei den Kindern eine Hand auf den Kopf
oder die Schulter legen.

Es segne und behüte uns
Gott, der Allmächtige und Barmherzige,
der Vater, der Sohn und der heilige Geist.
Amen.

Vorbereitung und Material

- Bild: Abraham unterm Sternenhimmel von Kees de Kort (z.B. in:
  Meine Bilderbibel, S. 42, oder Bibelbilderbuch, Bd. 1, S. 66; im
  Buchhandel auch als Poster erhältlich)
- eine dicke blaue Kerze
- gelbe Bastelwachsplatten
- Ausstechförmchen in Sternform, möglichst klein (alternativ: Kreise,
  z.B. aus Flaschendeckeln)
- Liederzettel oder Gesangbücher

Wer will fleißige Handwerker sehn? –
Der Turmbau zu Babel

1. Mose 11, 1-9

Thema und Inhalte

Die Erzählung vom Turmbau zu Babel gehört zu den bekanntesten biblischen Geschichten. Sie ist für Kinder wie Erwachsene vertraut und fremd zugleich.

Schon Einjährige versuchen, mehrere Klötze zu einem Turm aufzustapeln. Mit dem Turmbauen verbindet sich die Erfahrung, selbst etwas Sichtbares zu schaffen, Material und Raum in Besitz zu nehmen, die eigenen Grenzen zu erweitern, groß zu sein. Das Einstürzen des Turmes, von Gelächter oder Geschrei begleitet, gehört ganz selbstverständlich zum Spiel. Das Kind erfährt: Ich kann viel, aber nicht alles. Ich kann mein Werk zerstören und neu aufbauen – aber nicht grenzenlos. Für Drei- und Vierjährige reichen hohe Bauwerke „in den Himmel" – dahin, wo nach ihrer Vorstellung Gott wohnt. Die Bildsprache der Geschichte ist für die Kinder unmittelbar verständlich; schwieriger ist die Handlung: Warum will Gott nicht, dass der Turm in den Himmel reicht, und lässt das Werk scheitern? Was bedeutet die Sprachverwirrung?

Wir Erwachsenen haben oft Mühe, unsere Möglichkeiten und Grenzen realistisch einzuschätzen. Für die Menschheit scheinen sich grenzenlose Möglichkeiten zu eröffnen. Im Zusammenhang mit der Gentechnik wird „die zweite Schöpfung" diskutiert, von den einen quasi als Paradies, von den anderen als Horror-Szenario. Was noch nicht möglich ist, markiert scheinbar nicht eine natürliche Grenze, sondern nur eine Entwicklungsstufe des Menschen auf dem Weg zur völligen Selbst-Bestimmtheit im Guten wie im Bösen.

Dem widerspricht die Geschichte vom Turmbau. Nicht menschliches Versagen oder technische Unzulänglichkeit bringt den Turmbau zum Stillstand, sondern Gottes Wille. Er weist den Menschen, den er geschaffen hat, in seine Schranken. Der Turm bleibt unvollendet, die Baumeister laufen auseinander. Was wir können und erreichen, haben wir dem Schöpfer zu verdanken. Wenn wir das vergessen, bringen unsere Fortschritte uns nicht weiter, sondern trennen uns – wie die sprachverwirrten Babylonier – voneinander, von Gott und von uns selbst.

Übersicht

BEGRÜSSUNG UND NAMENSRUNDE (ggf. mit Stabpuppe)

LIED: Kommt und freut euch (s. Liedteil, Nr. 4)

ANSPIEL MIT STABPUPPE, TEIL I: Steffen baut einen Turm

ERZÄHLUNG: Der große Turm

LIED: Turmbau-Lied
(Melodie: Wer will fleißige Handwerker seh'n; s.u. Material)

ANSPIEL MIT STABPUPPE, TEIL II: Steffen fragt nach

LIED: Lobet und preiset, ihr Völker, den Herrn (EG 337)

GEBET UND VATERUNSER

SEGEN

Zeitbedarf: 30 Minuten

Die Schritte im Einzelnen

BEGRÜSSUNG UND NAMENSRUNDE (ggf. mit Puppe)

(Kinder und Erwachsene werden begrüßt und willkommen geheißen. Dabei kann die Stabpuppe behilflich sein, die von einem Elternteil bzw. Team-Mitglied geführt wird. Sie kann, je nach Situation und Zusammensetzung der Gruppe, eine Namensrunde einleiten oder ängstliche Kinder ansprechen und einbeziehen.)

LIED   Kommt und freut euch (s. Liedteil, Nr. 4)

ANSPIEL MIT STABPUPPE, TEIL I: Steffen

(Steffen entdeckt auf dem Boden in der Mitte des Sitzkreises einen Eimer mit Bauklötzen. Er fängt an, damit zu spielen.)

Steffen   Ich bau' was. Kinder, könnt ihr sehen, was das wird? *(Kinder raten: ein Haus, eine Mauer, ein Turm)* Ja, richtig, das soll ein Turm werden. Aber allein geht's nicht so gut. Wollt ihr mir helfen? *(mit Hilfe der Kinder und dem/der Erzähler/in gelingt der Turmbau)*

Steffen	Oh, schön, ein richtig hoher Turm! Aber es sind noch Steine übrig. Los, wir bauen den Turm noch höher! *(baut weiter)*
Erzähler/in	Aber Steffen, warte mal…
Steffen	Immer höher und … *(Turm stürzt ein)* O nein! Zusammengekracht! Jetzt müssen wir nochmal von vorn anfangen.
Erzähler/in	Ihr könnt nachher noch etwas bauen. Jetzt räumen wir erst einmal die Steine beiseite, und ich erzähle euch eine Geschichte.

ERZÄHLUNG Es wohnten viele Leute *(nimmt Lego-Duplo-Figuren und stellt sie in der Mitte auf den Boden)* in einer großen Stadt und sie vertrugen sich gut. Wenn einer *(nimmt eine Figur in die Hand)* sagte: Mein Dach ist kaputt, dann kam gleich ein anderer *(nimmt eine andere Figur)* und half ihm, es heil zu machen. Wenn einer *(nimmt eine weitere Figur)* sagte: Ich bin traurig, dann kam gleich ein anderer und nahm ihn in den Arm und tröstete ihn *(deutet mit den Figuren eine Umarmung an)*.

Eines Tages hatte einer eine Idee. „Wir wollen einen Turm bauen", sagte er. „Der wird riesengroß. Bis zum Himmel wird er reichen. Dann können wir ganz weit ins Land gucken, über alle anderen Leute hinweg. Dann können alle sehen, was wir Tolles gebaut haben. Dann sind wir die Größten. Dann haben wir zu bestimmen!" – „Gut", sagten die anderen, „das machen wir." Und sie fingen an zu bauen, einen riesengroßen Turm. Alle halfen mit. Einige schleppten Steine herbei, andere setzten sie aufeinander. Bald brauchten sie Leitern, weil der Turm immer höher wurde *(baut mit den Bauklötzen einen Turm, Kinder helfen mit)*. Es ging wunderbar! Wenn einer einen Stein brauchte, sagte er: „Bitte gib mir einen Stein!" Dann gab ihm ein anderer einen Stein. Wenn einer eine Leiter brauchte, sagte er: „Ich brauche eine Leiter." Dann gab ihm jemand eine Leiter. Und unten standen viele Leute *(versammelt die Figuren um das Bauwerk)* und schauten hoch. „Das ist ein toller Turm", sagten sie. „Jetzt sind wir genauso groß wie Gott! Wir können alles, was wir wollen!"

Gott sah sich das alles an. Er sah die Leute, die den Turm bauten. Er sah den Turm, der immer höher wurde. Er wurde traurig und wütend. „Die Menschen denken, sie können alles tun, was sie wollen. Sie vergessen, dass ich die Welt geschaffen habe und die Menschen und alles, was lebendig ist. Das ist nicht gut. Sie sollen merken, dass sie nicht alles können. Ich will ihre Sprache durcheinander bringen!"

Gott verwirrte die Sprache der Menschen. Auf einmal konnten sie sich nicht mehr verstehen. Der eine sagte: „Ich brauche mal den Eimer!" Aber er bekam einen Hammer. Einer sagte: „Gebt mir mal einen großen Stein", aber er bekam eine Leiter gebracht. Keiner konnte den anderen mehr verstehen. Sie wurden böse. Sie fingen an zu streiten. Sie konnten sich nicht wieder vertragen. Da ging der Erste weg. Dann noch einer. Alle gingen auseinander, jeder in eine andere Richtung *(die Figuren nach und nach auseinandersetzen)*. Der Turm wurde niemals fertig.

(frei nach: Die große bunte Kinderbibel, S. 33–35)

LIED	Turmbau-Lied (Melodie: Wer will fleißige Handwerker sehn; s. **M**)

ANSPIEL MIT STABPUPPE, TEIL II: Steffen fragt nach

Steffen	Will Gott nicht, dass die Menschen große Sachen bauen?
Erzähler/in	Er war traurig, dass die Leute beim Turmbauen nicht mehr an ihn gedacht haben. Dass sie selbst die Allergrößten sein wollten. Und dass sie allein über alle anderen bestimmen wollten.
Steffen	Und wenn ich einen Turm baue? Wenn wir hier alle zusammen was bauen?
Erzähler/in	Ich glaube, Gott freut sich über alles, was ihr schon könnt. Dass ihr etwas bauen könnt, dass ihr immer größer werdet, dass ihr sprechen lernt und schon vieles versteht – darüber freuen sich eure Eltern und darüber freut sich Gott, unser Vater im Himmel. Er hat uns das Leben geschenkt. Jeden von uns hat er wachsen lassen. Über jeden hat er sich gefreut, als

er geboren wurde. Über Simon und Margarethe und… *(zählt die Namen der Kinder auf)* und auch über jeden von den Erwachsenen. Das wollen wir nicht vergessen. Wenn uns etwas gut gelingt, können wir sagen: Danke, lieber Gott, dass ich das schon kann. Und wenn wir etwas nicht hinkriegen, können wir sagen: Lieber Gott, ich schaff' das nicht. Das macht mich traurig. Bitte gib mir neuen Mut!

Steffen Schön, dann können wir ja gleich noch zusammen mit den Bauklötzen was bauen. Wollt ihr? *(Je nach Zeitrahmen bauen die Kinder noch zusammen mit Steffen etwas aus den Bauklötzen)*

LIED Lobet und preist, ihr Völker, den Herrn (EG 337)

GEBET Lieber Gott,
von dir haben wir unser Leben.
Du hast die Menschen geschaffen
und die Tiere und alles, was lebt.
Danke, dass wir schon so viel können.
Danke, dass wir Freunde haben
und Geschwister und Eltern,
mit denen wir uns verstehen
und etwas schaffen können.
Trotzdem gibt es vieles,
was uns nicht gelingt.
Sei bei uns, lieber Gott,
auch wenn wir traurig oder enttäuscht sind,
und gib uns Kraft und Mut!

Vater unser im Himmel …

SEGEN Wer von den Erwachsenen mag, kann den Kindern zum Segen eine Hand auflegen, auf den Kopf oder die Schulter.

Es segne und behüte uns Gott,
der Allmächtige und Barmherzige,
der Vater, der Sohn und der Heilige Geist.
Amen.

Vorbereitung und Material

- Stabpuppe
- Holz-Bauklötze (deutlich mehr, als für einen Turm gebraucht werden)
- möglichst viele Figuren, nicht größer als etwa daumenlang, z.B. von Lego Duplo, oder Holzfiguren; sie können neutral gestaltet, auch farblos sein. Auch eine Anzahl Weinkorken kann ohne weiteres die Figuren ersetzen – die Kinder haben genügend Phantasie!
- Liederzettel und Gesangbuch *(Die Strophen des Turmbau-Liedes können auch auf einem Plakat notiert oder vor dem Singen Vers für Vers vorgelesen werden. Oder eine/r singt die Strophen allein und alle stimmen beim Refrain bzw. bei der Wiederholung des Refrains ein.)*

Für das Anspiel mit der Stabpuppe ist auf jeden Fall eine zweite Person notwendig. Ist keine Stabpuppe vorhanden, kann auch ein/e Mitarbeiter/in oder ein Elternteil Steffens Rolle im Dialog übernehmen. Der Dialog ist eine gute Möglichkeit, das schwer verständliche Anliegen der Turmbau-Geschichte noch einmal ins Gespräch zu bringen. Auf die Figuren kann notfalls verzichtet werden.

Turmbau-Lied
(Melodie: „Wer will fleißige Handwerker seh'n")

1. Wer will fleißige Handwerker seh'n,
der muss bis nach Babel geh'n.
||: Stein auf Stein, Stein auf Stein,
der Turm, der wird bald fertig sein. :||

2. Weil wir uns so gut versteh'n,
wird der Turm ganz wunderschön.
||: Stein auf Stein, Stein auf Stein,
der Turm, der wird bald fertig sein. :||

3. Wenn wir ihn ganz riesig bau'n,
könn'n wir in den Himmel schau'n.
||: Stein auf Stein, Stein auf Stein,
der Turm, der wird bald fertig sein :||

4. Und dann, Leute, gebt gut Acht:
Was wir sagen, wird gemacht!
||: Stein auf Stein, Stein auf Stein,
der Turm, der wird bald fertig sein. :||

5. Doch Gott sagt: Das geht zu weit,
ich muss was tun, jetzt wird es Zeit.
||: Stein auf Stein, Stein auf Stein,
der Turm wird niemals fertig sein! :||

6. Ihr wollt bis zum Himmel reichen,
darum geb'ich euch ein Zeichen.
||: Stein auf Stein, Stein auf Stein,
der Turm wird niemals fertig sein! :||

7. Ihr sollt euch nicht mehr versteh'n
und müsst auseinander geh'n.
||: Stein auf Stein, Stein auf Stein,
der Turm wird niemals fertig sein! :||

8. Nur wer auf den Schöpfer traut,
hat auf festen Grund gebaut.
||: Kraft und Mut gibst du mir,
Herr, mein Gott, ich danke dir! :||

Melodie: volkstümlich; Text: Charlotte Scheller

Jesus und seine Freunde –
Teil I: Aus Fischern werden Menschenfischer
Matthäus 4, 18-25

Thema und Inhalte

Wie es Beruf der Fischer ist, Fische zu fangen, so ist es Jesu Beruf zu predigen und zu heilen, Menschen zu fischen für das Reich Gottes. Sein Ruf ist so vollmächtig, dass Menschen sich ihm nicht entziehen können.

Der Begriff „Menschenfischer" ist für Kinder unbekannt und vielleicht schwierig, aber sein Inhalt ist für sie leicht nachvollziehbar: Einem Menschen, der sie durch sein Wesen, durch Worte und Taten beeindruckt, eifern sie bereitwillig nach, indem sie seine Worte verwenden und seine Handlungsweise nachzuahmen versuchen. Jesus bringt den Menschen die gute Botschaft (Evangelium) von Gottes Liebe, die in seinen Worten und Erzählungen zu hören ist, in seiner Art, mit Menschen umzugehen, zu erfahren und zu sehen ist. Wer davon ergriffen ist, wird in Worten und Taten diese Botschaft weitertragen und wird damit selbst zum Menschenfischer.

Übersicht

BEGRÜSSUNG UND NAMENSRUNDE

LIED: Kommt und freut euch (s. Liedteil, Nr. 4)

ANSPIEL MIT STABPUPPE: Steffen angelt

ERZÄHLUNG

ANGELSPIEL „Menschenfischer"

LIED: Halleluja, preiset den Herrn (MKL 49)

GEBET

SEGEN

Zeitbedarf: 20 Minuten

Die Schritte im Einzelnen

BEGRÜSSUNG UND NAMENSRUNDE
    (Mitarbeiter/innen, Kinder und Eltern stellen sich mit Namen vor)

LIED   Kommt und freut euch (s. Liedteil, Nr. 4)

ANSPIEL MIT STABPUPPE Steffen angelt

Steffen:
Ich habe ein neues Spiel. Schaut einmal her: Hier ist ein Teich, da sind viele Fische drin. Und hier sind Angeln. Wollt ihr mit mir angeln? *(Die Kinder spielen. Wenn nicht genug Angeln vorhanden sind, kann man sie weiterreichen. Jedes Kind sollte wenigstens einen Fisch angeln.)*

Erzähler/in:
Richtige Fischer seid ihr! Da fällt mir eine Fischer-Geschichte ein. Steffen, soll ich die Geschichte erzählen?

Steffen:
O ja, da bin ich gespannt. Kommt, Kinder, wir legen die Angeln weg.

ERZÄHLUNG   Erzähler/in:
Jesus wanderte an einem großen See. Er sah Fischer bei ihrer Arbeit. Mit Netzen und Angeln fingen sie Fische, so ähnlich wie ihr eben Fische geangelt habt. Einer der Fischer hieß Simon, einer Johannes *(evtl. mit Rücksicht auf Kinder der Gruppe, die so heißen)*. Sie kannten Jesus schon. Sie hatten ihm schon manchmal zugehört, wenn er von Gott erzählte. Sie hatten gesehen, wie er kranke Menschen gesund machte. Sie mochten Jesus. Oft kamen sie zu ihm, um ihm zuzuhören und ihn um Rat zu fragen. Sie freuten sich, dass Jesus diesmal zu ihnen kam. Er sagte: Ihr sollt immer bei mir bleiben! Da haben sie ihre Angeln weggelegt, so wie ihr eben. Sie haben ihre Netze liegen und ihre Boote stehen lassen und sind mit ihm gegangen. Nun konnten sie den ganzen Tag zuhören, wie Jesus von Gott erzählte. Sie waren dabei, als er Menschen geholfen hat. Manche hat er sogar gesund gemacht, einen Blinden zum Beispiel, dass er wieder sehen konnte. Bald konnten sie selbst von Gottes Liebe erzählen und für andere Menschen da sein. Jesus sagte:

Ihr seid nicht mehr Fischer, sondern Menschenfischer.
Ihr bringt Menschen zusammen und zu Gott.

Steffen:
Aber man kann doch keine Menschen angeln!

Erzähler/in:
Da hast du Recht, Steffen, aber wir können anderen
Menschen von Gott erzählen und ihnen helfen und sie
fröhlich machen. Dann fischen wir sie aus ihrer Angst
oder aus ihrer Traurigkeit heraus und bringen sie zu Gott.

Steffen:
Das gefällt mir. Ich möchte unser Angelspiel noch mal
spielen und diesmal Menschen fischen. Macht ihr mit,
Kinder?

ANGELSPIEL
Menschenfischer
*(während der Erzählung hat ein/e Helfer/in auf die
Fische Papierfiguren geklebt)*

Ja, das wollen wir jetzt tun, wir wollen Menschen
fischen. Wer einen Fisch mit einem Menschen geangelt
hat, kann die Figur auf dieses Plakat kleben. Wie Jesus
und seine Freunde erzählen wir hier im Kindergottesdienst auch von Gott. Dazu können wir mit diesem
Plakat nun immer einladen. *(Es entsteht ein Plakat mit
dem Kindergottesdienstsymbol – Kinder im Kreis –, das
über den Kindergottesdienst in der Gemeinde infor-
miert; siehe Abbildung S. 121)*

LIED
Halleluja, preiset den Herrn (MKL 49)

GEBET
Guter Gott,
wir danken dir für diesen schönen Sonntagmorgen.
Wir haben gehört,
was Jesus den Fischern von dir erzählt hat.
Danke, dass auch wir von dir hören.
Du hast uns lieb und hilfst uns.
Bitte, zeig' uns wie den Fischern,
was du von uns willst.
Amen.

SEGEN   Wir bitten Gott um seinen Segen. Dazu bilden wir einen Kreis, die Erwachsenen können den Kindern eine Hand zum Segen auf den Kopf oder auf die Schulter legen.

Es segne und behüte uns
Gott, der Allmächtige und Barmherzige,
der Vater, der Sohn und der Heilige Geist.
Amen.

Vorbereitung und Material

- Angelspiel mit flachen Fischen
- bunte Papierfiguren, die mit Fotoklebern versehen sind, sodass man nur noch die Schutzfolie abziehen muss, um sie auf die Fische kleben zu können; sie können dann leicht gelöst und auf das zu erstellende Plakat geklebt werden
- Plakat mit Einladungstext zum Kindergottesdienst in der Gemeinde und Platz, die Figuren aufzukleben
- Liederzettel

Jesus und seine Freunde –
Teil II: Der große Fischzug
Lukas 5, 1-11

Thema und Inhalte

Der Gottesdienst gehört zu der Reihe „Jesus und seine Freunde" und vertieft das Thema der Jüngerberufungen. Jesus sucht sich seine Freunde hier unter den Fischern aus. Er steigt zu ihnen ins Boot, begibt sich in ihre Lebenswelt hinein. Den Misserfolg der vergangenen Nacht, die leeren Netze, wendet er zum Erfolg, die Netze sind übervoll. Die Fischer erfahren, dass Jesus mächtig und vertrauenswürdig ist. Und Jesus erwartet Treue von ihnen: Ihr sollt mit mir und für mich Menschen fischen!

Die Erzählung reizt die Kinder mitzuspielen, Misserfolg und Erfolg beim Fischen mitzuerleben. Die Kinder kennen aus eigenem Erleben, dass sie etwas immer wieder versuchen und dann aufgeben – ebenso wie die Aufforderung einer vertrauten Person: Versuch' es noch mal – ich helfe dir! Der Zuspruch der Eltern macht dem Kind Mut und hilft ihm, sich zu entwickeln. Er ist eine lebens- und glaubensnotwendige Grunderfahrung. Der Zuspruch Jesu lässt die Jünger Mut bekommen. Und auch uns lässt Jesu Zutrauen wachsen und als Menschen und als Christen glaubwürdig sein.

In unserem Gottesdienst beschränken wir uns auf das Nacherzählen und gemeinsame Nachspielen der Erzählung. Dabei wird der große Fischfang bei den Kindern nachhaltigeren Eindruck hinterlassen als die anschließende Berufung der Männer zu „Menschenfischern". Jesus wird als ein Freund vorgestellt, dem die zukünftigen Jünger zögernd vertrauen und dessen Stärke sie an einem Wunder kennen lernen.

Übersicht

BEGRÜSSUNG UND NAMENSRUNDE (ggf. mit Stabpuppe)

LIED UND BEWEGUNG: Alle Leute, jung und alt (s. Liedteil, Nr. 6)

ANSPIEL MIT STABPUPPE

ERZÄHLUNG ZUM MITSPIELEN: Der große Fischzug

LIED: Wo zwei oder drei in meinem Namen versammelt sind
    (EG-NB 564)

Die Schritte im Einzelnen

Begrüssung und Namensrunde (ggf. mit Puppe)
> *(Kinder und Erwachsenen werden begrüßt und willkommen geheißen. Dabei kann die Stabpuppe behilflich sein, die von einem Elternteil bzw. Team-Mitglied geführt wird. Sie kann, je nach Situation und Zusammensetzung der Gruppe, eine Namensrunde einleiten oder ängstliche Kinder ansprechen und einbeziehen.)*

Lied und Bewegung
> Alle Leute, jung und alt (s. Liedteil, Nr. 6)

Anspiel mit Stabpuppe: Steffen
> *(Steffen hat ein Puzzle mit wenigen Teilen vor sich. Er versucht es zusammenzusetzen und schimpft dabei leise vor sich hin. Schließlich wirft er zornig die noch übrigen Teile weg.)*

Steffen	Mist, ich krieg's einfach nicht hin!
Erzähler/in	Was hast du denn da, Steffen?
Steffen	Ein Puzzle. Das soll eine Eisenbahn *(oder was immer das Puzzle zeigt)* werden. Aber ich schaff es nicht. Du sollst es mir fertig machen!
Erzähler/in	*(sucht die Teile zusammen)* Zeig mal. Das sieht doch gar nicht schlecht aus. Versuch es noch mal!
Steffen	Ich hab' es schon so oft versucht. Aber es klappt einfach nicht!
Erzähler/in	Hier. Probier mal, ob das da oben hinpasst... und das dorthin...
Steffen	*(nimmt ihr die Teile aus der Hand, setzt sie ein)* Fertig! Juchuu! Guckt mal, ich hab's geschafft! Ich kann das nämlich schon! *(Alle bewundern das fertige Puzzle)*

Erzähler/in:
Heute will ich euch eine Geschichte von Jesus erzählen.
Wie er zu seinen Freunden gesagt hat: Versucht es noch
mal. Und wie er ihnen später einen besonderen Auftrag
gegeben hat. *(Zu Beginn der Erzählung werden nach
und nach die Fische, ein Boot, das Netz, die Figuren –
s.u. – an ihren Platz gebracht, mit denen die Handlung
während der Erzählung gespielt wird. Nach dem ersten
Fischfangversuch werden die Kinder aufgefordert mitzuspielen.)*

Hier in der Mitte ist das Wasser, ein riesengroßer See.
Der See Genezareth. Viele Fische sind darin. Auf dem
See ist ein Boot. Darin sind Simon und Andreas. An
dem Boot hängt ein Netz. Simon und Andreas wollen
Fische fangen. Es ist dunkel. Es ist Nacht. Das Netz
liegt schon eine ganze Weile im See. „Was meinst du",
sagt Simon, „wollen wir mal nachsehen, was wir gefangen haben?" „Ja", sagt Andreas, „los, wir holen das
Netz ein." Und – was haben sie gefangen?

Kinder:
Da, ein Fisch! – Und noch einer! – Wo denn? – Da
unten. Ein ganz kleiner.

Erzähler/in:
„Das gibt's doch nicht", sagt Simon. „Stundenlang
haben wir gewartet – und nur zwei kleine Fische sind
im Netz!" – „Wirf sie wieder rein", sagt Andreas. „Wir
müssen es nochmal versuchen." – „Na gut", sagt Simon.
Sie nehmen die beiden Fische und werfen sie wieder in
den See. Sie werfen das Netz wieder aus und warten.
Nach einiger Zeit holen sie es wieder ein. Sie sehen
nach… Da, zwei Fische… oder drei… „So was Dum-
mes", sagt Andreas, „drei Fische, das ist viel zu wenig!
Die paar Fische können wir nicht mal auf dem Markt
verkaufen. Kommt, wir schmeißen sie wieder rein!"
Und noch einmal versuchen sie es – und wieder fangen
sie nichts. Jetzt wird es langsam hell. Der Morgen
kommt.

„Simon", sagt Andreas, „heute wird das nichts mehr.
Lass uns ans Ufer fahren und nach Hause gehen!" – Sie
fahren ans Ufer, steigen aus und ziehen das Boot aufs
Trockene. Es ist schon hell, und sie sind müde und trau-

rig, weil sie nicht genug Fische gefangen haben. Sie wollen weggehen. Aber da steht ja jemand am Ufer! „Guck mal", sagt Simon, „da kommt Jesus!" – „Guten Tag Simon, guten Tag Andreas", sagt Jesus. „Gut, dass ihr da seid! Ich bin so müde! Ich habe heute Morgen schon viel gepredigt. Vielen Leuten von Gott erzählt. Bitte – könnt ihr mit mir auf den See rausfahren, ganz weit weg von den vielen Leuten?" – „Wir waren schon die ganze Nacht draußen", sagt Andreas. „Aber gut, wenn du es willst…" Sie schieben das Boot wieder ins Wasser und steigen mit Jesus ein. Weit hinaus auf den See fahren sie. Auf einmal sagt Jesus: „Werft das Netz aus!" – „Aber Jesus", sagt Simon, „wir haben schon die ganze Nacht gefischt und überhaupt nichts gefangen. Und jetzt, am hellen Tag – da fängt man doch keine Fische!" – „Werft das Netz nochmal aus!", sagt Jesus. Und da tun sie es.

Sie werfen das Netz nochmal aus, mitten am Tag. Und auf einmal kommen die Fische! Ihr Kinder müsst mal helfen: Viele Fische gehen ins Netz *(Kinder helfen, die Fische vom „Wasser" in das Netz zu bringen)*. Das Netz wird ganz schwer, das Boot liegt schon schief im Wasser! „Simon", ruft Andreas, „guck mal, was wir gefangen haben! Hilf mir das Netz hochziehen, ich schaff' es nicht allein." – „Wir müssen die anderen rufen", sagt Simon. „He, ihr da drüben am Ufer, könnt ihr uns helfen? Wir brauchen noch ein Boot! Wir haben so viele Fische gefangen!" – „Wir müssen die Fische aus dem Netz rausholen", sagt Simon, „und in die Boote tun." Helft alle mit! *(Eltern und Kinder nehmen das andere Boot und die übrigen Figuren und beteiligen sich am Spiel)*

Schließlich ist das Netz leer. Die Boote sind voll mit Fischen. „Danke, Jesus", sagen Simon und Andreas. „Danke, dass du gesagt hast, wir sollen es nochmal versuchen!" Und Jesus sagt etwas Seltsames. „Ihr seid Fischer gewesen. Aber jetzt sollt ihr mir helfen. Ihr sollt jetzt Menschenfischer sein. Ihr sollt anderen von Gott erzählen, damit sie Mut bekommen. Jeder kann etwas!"

Steffen:
Jeden kann Jesus gebrauchen. Jeder kann was. Ob ich damit auch gemeint bin?

Erzähler/in:
Ja, Steffen! Du kannst sehr viel: Puzzeln und uns zum
Lachen bringen und noch viel mehr… Und jeder hier
in diesem Kreis kann etwas und wird gebraucht *(zählt
die Namen der Kinder auf)*. Damit ihr das nicht vergesst, könnt ihr euch von den Booten zwei Fische mitnehmen. Einen sollt ihr behalten. Den anderen könnt
ihr verschenken. *(Kinder nehmen sich Fische und überlegen mit den Eltern, wem sie einen Fisch schenken können)*

Steffen *(hält seinen Fisch hoch)*:
O schön, den heb' ich mir auf. Und wenn ich mal wieder
was versuche und es einfach nicht hinkriege, dann schaue
ich ihn mir an und denke daran, dass Gott mir hilft. Und
dass ich was kann. Dann werde ich ganz mutig!

Erzähler/in:
Ich möchte jetzt ein Lied mit euch und Ihnen singen
(sagt die Worte oder singt das Lied vor). So hat Jesus das
zu seinen Freunden gesagt. Damit sie nicht vergessen,
dass er da ist und sie braucht und ihnen Mut macht.

LIED

Wo zwei oder drei in meinem Namen versammelt sind
(EG-NB 564)

GEBET

Guter Gott,
danke, dass wir Eltern haben
und Kinder und Freunde,
dass du uns brauchst und uns hilfst.
Das wollen wir nicht vergessen,
wenn es uns gut geht und auch
wenn wir einmal traurig sind.
Du bist bei uns, guter Gott!
Wir beten gemeinsam,
wie Jesus mit seinen Freunden gebetet hat:
Vater unser im Himmel…

SEGEN

Wer von den Erwachsenen mag, kann den Kindern
zum Segen eine Hand auflegen, auf den Kopf oder die
Schulter.

Es segne und behüte uns Gott,
der Allmächtige und Barmherzige,
der Vater, der Sohn und der Heilige Geist.
Amen.

Vorbereitung und Material

für das Anspiel:
– Stabpuppe
– Kleinkinder-Puzzle mit wenigen Teilen

für die Erzählung:
– großes blaues Tuch für die Mitte als „Wasser" des Sees Genezareth
– zwei Papierschiffe, nach traditioneller Weise aus Zeitungspapier gefaltet (s. **M1**)
– 8–10 Figuren aus farbigem Tonpapier (s. **M2**), eine davon weiß (Jesus)
– beliebig viele Fische aus buntem Papier (z.B. Geschenk- und Silberpapier, Tonpappe, Wellpappe; s. *Vorlage*)
– Einkaufs- oder Kinderwagennetz als Fischernetz

Für das Anspiel mit der Stabpuppe ist auf jeden Fall eine zweite Person notwendig. Es sollte unbedingt frei gestaltet werden. Kann der Gottesdienst nur von einer Person geleitet werden, sollte auf das Anspiel verzichtet werden.

Papierboot

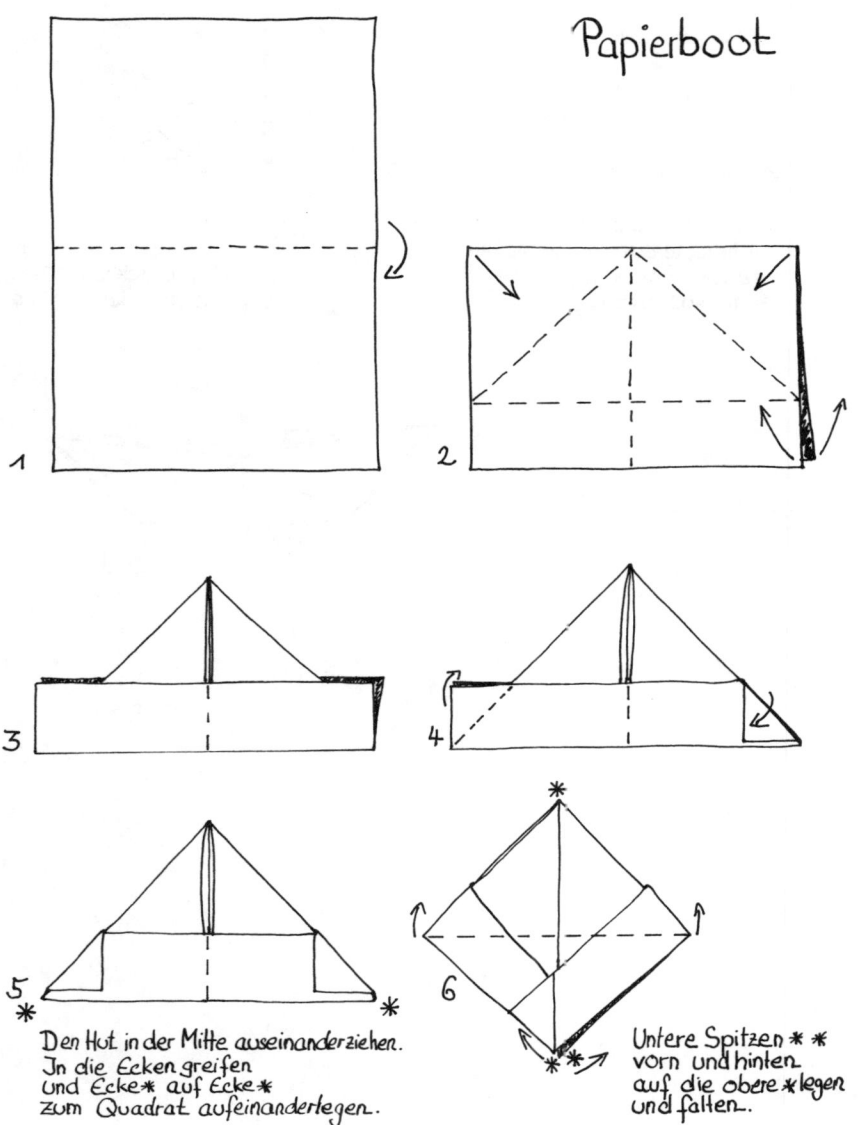

5 Den Hut in der Mitte auseinanderziehen.
In die Ecken greifen
und Ecke ✳ auf Ecke ✳
zum Quadrat aufeinanderlegen.

6 Untere Spitzen ✳ ✳
vorn und hinten
auf die obere ✳ legen
und falten.

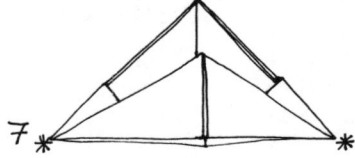

7

Hut in der Mitte auseinanderziehen, wieder in die Ecken
greifen, Ecke * auf Ecke *
zum Quadrat legen.

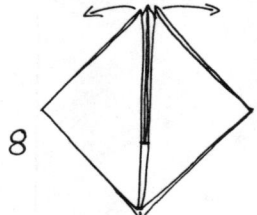

8

An den beiden hoch-
gefalteten Ecken ziehen...

...bis das Boot fertig ist!

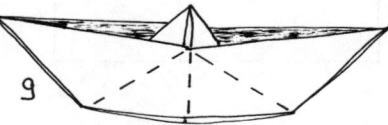

9

Fische aus verschieden farbiger Wellpappe, Figuren aus Tonpapier schneiden.

Jesus und seine Freunde –
Teil III: Jesus kehrt bei Zachäus ein
Lukas 19, 2-10

Thema und Inhalte

Es gibt Menschen, die wir nicht mögen und welche, die uns nicht leiden können. Auch bei den Kleinen ist das ein großes Thema: Wen lasse ich mitspielen? Wer darf dabei sein – und wer nicht, weil er noch zu klein ist (oder nicht mein Freund, oder weil sie ein Mädchen ist)? Gehöre ich selbst dazu? Jesus will alle dabei haben. Er lädt sich bei uns ein und bei den anderen. Seine Nähe verändert Menschen – die, die am Rand stehen ebenso wie die, die andere ausgrenzen.

Zielpunkt in der Geschichte ist für uns das gemeinsame Essen. Es ist Zeichen der Verbundenheit untereinander und der Gegenwart Gottes. In der Gemeinde Jesu können wir uns die Tischgenossen nicht aussuchen. Jeder und jede ist ihm wichtig! Das macht Mut, die anderen so gelten zu lassen, wie sie sind – und wenn nötig, uns selbst zu ändern.

Übersicht

BEGRÜSSUNG UND NAMENSRUNDE (mit Stabpuppe Steffen)

LIED: Kindermutmachlied (ML, C 15)

ANSPIEL: Puppe Steffen spielt Lego

ERZÄHLUNG ZUM MITSPIELEN: Jesus kehrt bei Zachäus ein
MIT LIEDRUFEN: Zachäus, kleiner Mann (s. Liedteil, Nr. 7)

LIED: Kindermutmachlied (s.o.)

AKTION: Steffen lädt zum Obst essen ein

GEBET UND VATER UNSER

SEGEN

Zeitbedarf: 20 Minuten

Die Schritte im Einzelnen

BEGRÜSSUNG UND NAMENSRUNDE (mit Stabpuppe Steffen)

Ein Vater/eine Mutter:
Guten Morgen! Habt ihr Kinder denn heute schon den Steffen entdeckt? *(Stabpuppe liegt noch auf zwei Stühlen, „schlafend")* Ja, da liegt er und schläft noch. Wir müssen ihn wecken. Ruft ihn doch mal!

Kinder:
Steffen! Steffen, wach auf!

Steffen:
(räkelt sich, reibt sich die Augen, blickt in die Runde…) Oh, hallo, ist es schon Morgen? Ich habe die Glocken gar nicht gehört. Ihr seid ja alle schon hier! Ach, ich habe schon wieder eure Namen vergessen. Ich heiße Steffen, weil ich hier wohne, in der Stephanuskirche. Und ihr? *(spricht wie gewohnt die Kinder der Reihe nach an. Die Namen, ggf. auch die der Eltern werden reihum genannt.)*

LIED   Kindermutmachlied (ML, C 15, 1 und 2)

ANSPIEL   Puppe Steffen spielt Lego

Steffen:
Mensch, Leute, ich hab' mir gestern was Tolles gebaut. Aus Lego. Das zeig' ich euch jetzt. Seht mal her! *(Steffen hat die Wände eines Hauses aus Duplo-Steinen gebaut. In der Mitte steht ein Tisch, und er spielt „gemeinsames Essen" mit vielen Figuren:)* Das bin ich. Und hier ist mein Haus. Da seht ihr den Tisch mit den Stühlen. Da drüben ist mein Bett. Hier ist die Küche. Ich habe gerade ein leckeres Essen gekocht. Mmh! Gleich kommen meine Freunde. Wir wollen zusammen essen *(lässt eine Figur zur Tür hereinkommen)*. Oh, hallo Simon, schön, dass du da bist! Komm, setz dich, das Essen ist gleich fertig! Ach, da kommt ja auch Anna. Na ja gut, du darfst reinkommen. Setz dich da drüben hin. *(lässt eine weitere Figur hereinkommen)* Hallo, Daniel! Du kannst gleich wieder gehen. Du darfst nicht mitessen. Du bist noch zu klein und machst alles kaputt. *(spielt, dass Daniel weint. Immer mehr Figuren lässt Steffen hereinkommen; dabei*

stellt er einige bewusst an den Rand) „Du darfst nicht mitessen. Du gehörst nicht dazu, weil du blöd bist!" *(oder: noch zu klein/ein Mädchen/mich gestern geärgert hast ... Die Szene endet damit, dass ein Großteil der Figuren am Tisch sitzt, während einige traurig außerhalb stehen bleiben müssen)*

ERZÄHLUNG ZUM MITSPIELEN

Jesus kehrt bei Zachäus ein

ein Vater / eine Mutter:
Da hast du dir ja ein schönes Haus gebaut, Steffen. Ich möchte es mir ausleihen, um eine Geschichte zu erzählen. Sie handelt auch von einem Haus, in dem gegessen wird. Und wenn ihr wollt, Kinder, könnt ihr die Figuren nehmen und mitspielen! *(Schiebt Steffens Haus etwas an den Rand und holt eine Figur hervor)*. Das ist Zachäus. Er ist sehr klein. Und das Haus da drüben, das Steffen gebaut hat, soll jetzt sein Haus sein. Zachäus hat alles, was er sich wünscht: ein schönes Haus, viele Spielsachen, leckere Sachen zu essen und zu trinken – nur eins fehlt ihm: ein Freund. Den Zachäus mag nämlich keiner. Er ist immer allein!

Hier *(stellt das Zollhäuschen auf)* arbeitet Zachäus. Das ist ein Zollhaus. Am Stadttor. Darin sitzt er den ganzen Tag. Wenn einer vorbeikommt, muss der bezahlen *(führt eine Figur auf einem Pferd vorbei)*. „Halt!", sagt Zachäus, „wo willst du hin?" – „In die Stadt", sagt der Mann. – „Was ist das da auf deinem Pferd?", fragt Zachäus. – „Das sind nur ein paar Gewürze. Salz und Pfeffer und sowas." – „So", sagt Zachäus, „das kostet aber! Zahl mir vier Taler, dann darfst du in die Stadt!" – „Vier Taler?", ruft der Mann. „Das ist aber teuer! Man hat mir gesagt, das kostet zwei Taler!" – „Vier Taler", sagt Zachäus, „sonst kommst du nicht rein." – „Na gut," sagt der Mann, „hier hast du vier Taler." *(gibt Zachäus vier Lego-Steine, die im Zollhäuschen untergebracht werden, und reitet vorbei. Es kommen auch noch ein Mann mit einem Koffer Wolle und eine Frau mit einem Wagen Fische. Beide müssen Wucherpreise in Lego-Währung bezahlen)*

So sitzt Zachäus in dem Zollhäuschen, und jeder, der vorbei will, muss Geld bezahlen. Viel zu viel Geld. Deshalb kann den Zachäus keiner leiden. Auch die Kinder nicht. Sie lachen ihn aus, weil er so klein ist. Sie singen:

LIEDRUF: „Zachäus, kleiner Mann, sieh' uns nicht so böse an!" (s. Liedteil, Nr. 7)
(Steffen, Eltern und Kinder stimmen mit ein und wiederholen den Liedruf)

Heute ist ein besonderer Tag. Es sind sehr viele Leute auf der Straße beim Zollhaus *(viele Figuren werden vor dem Zollhaus versammelt; Eltern und Kinder helfen).* Was

reden sie? Sie reden von Jesus. Jesus ist da vorne! Die Leute wollen ihn sehen! *(evtl. ausspielen)* Von Jesus hat Zachäus auch schon gehört. Den möchte er auch gern sehen. Der kann so schön von Gott erzählen. Der mag kleine Menschen, heißt es. „Vielleicht kommt er hier vorbei", denkt Zachäus. Er ist auf einmal ganz aufgeregt. „Vielleicht kann ich ihn sehen! Ach nein, das geht ja nicht. Ich bin zu klein. Ich kann ja nicht über die vielen Leute hinweggucken…"

Und dann hat Zachäus eine Idee. „Ich steig' einfach auf den Baum da drüben. Dann kann ich Jesus sehen und er sieht mich nicht. Ich brauche gar nicht so nah ranzugehen. *(Zachäus klettert auf den Baum. Viele Leute kommen vorbei, schließlich auch Jesus.)* Da ist er. Ich erkenne ihn an dem weißen Kleid. Er erzählt was. Er kommt hierher!" *(Jesus bleibt am Baum stehen).* „Zachäus", sagt Jesus, „komm runter!" – „Ich?", wundert sich Zachäus. „Meint Jesus mich?" – „Zachäus", sagt Jesus, „komm runter von deinem Baum! Ich will heute bei dir essen!" – Das können wir auch singen:

LIEDRUF: „Zachäus, steig herab, Jesus will dich sehen!"
(Steffen, Eltern und Kinder stimmen mit ein und wiederholen den Liedruf.)

Schnell springt Zachäus vom Baum herunter. Er rennt nach Hause. Er kocht ein Essen mit allem, was er da hat. Gemüse und Fisch und Brot stellt er auf den Tisch und Wasser und Wein zu trinken. Da kommt Jesus schon. Viele Leute sind bei Jesus, und alle haben Hunger. Sie rufen:

LIEDRUF: „Zachäus, lad uns ein, Jesus kehrt heut bei dir ein"
(Steffen, Eltern und Kinder stimmen mit ein und wiederholen den Liedruf.)

Zachäus freut sich, weil Jesus zu ihm zum Essen kommt! Er lädt die anderen mit ein. „Kommt alle rein", sagt er. „Es reicht für uns alle!" Und Jesus kommt in das Haus und setzt sich an den Tisch, und die vielen Leute auch. Überall sitzen sie. Auf den Stühlen, auf dem Bett, auf dem Boden. *(Figuren werden von den Kindern im Haus um den Tisch gruppiert)* Zachäus bringt das Essen für Jesus und die anderen Gäste. Er ist froh. Jesus ist zu ihm gekommen! Jetzt ist er nicht mehr allein. „Ich bin froh, dass du mein Freund bist", sagt Zachäus zu Jesus. „Und ich will nicht mehr böse sein. Das viele Geld im Zollhaus, das ich den Menschen abgenommen habe, das gebe ich zurück!"

LIED   Kindermutmachlied (ML, C 15, 3 und 4)

AKTION   Steffen lädt zum Obst essen ein
Also, jetzt habe ich Hunger gekriegt. Ich weiß, dass einige Eltern Obst mitgebracht haben. Lasst uns zusammen essen. Alle kriegen was ab *(Eltern schneiden mitgebrachtes Obst auf und legen es für alle auf einen Teller).*

GEBET   Guter Gott,
danke für das Obst, das wir gegessen haben.
Danke dafür, dass wir Freunde haben
und Eltern, Menschen, die uns lieb haben.
Wir denken auch an die, Gott,
mit denen wir Ärger haben.

Sie sind deine Kinder, genau wie wir.
Nimm uns die Angst vor denen, die anders sind
und lass uns entdecken, dass es Spaß macht zu teilen.

Vater unser im Himmel…

SEGEN   Zum Segen bitte ich die Erwachsenen, den Kindern
eine Hand aufzulegen, auf den Kopf oder die Schulter.

Es segne und behüte uns Gott,
der Allmächtige und Barmherzige,
der Vater, der Sohn und der Heilige Geist.
Amen.

Vorbereitung und Material

– aus Lego Duplo: Grundmauern eines Hauses mit Tisch (offen wie
  eine Puppenstube, damit man von allen Seiten hineinsehen kann)
– viele Duplo-Figuren, u.a. Kinder
– ein Zollhäuschen aus Duplo; evtl. ein Zaun oder eine Schranke;
  Duplo-Steine als Geld
– falls vorhanden: Pferd, Reiter, Handwagen o.ä.
– ein Baum, auf dem der Duplo-Zachäus sitzen kann (muss nicht
  Duplo sein)
– Obst, Messer, Teller für das gemeinsame Essen
– Liederzettel oder Liederbuch mit dem Kindermutmachlied

Das Haus des Zachäus sollte vorbereitet sein, damit Steffen sein Anspiel
sofort beginnen kann; ebenfalls Zollhaus und Baum.

Bei den Figuren sollte vorher klar sein, welche Jesus und welche
Zachäus sein soll. Wir haben unserem Jesus einen Überwurf aus weißem
Filz angezogen, damit er nicht in der Menge untergeht.

Die Liedrufe brauchen nicht auf dem Liederzettel notiert zu sein; sie
können während der Erzählung vor- und nachgesungen werden.

C

BAUSTEINE

GEBETE

DU LÄSST ALLES WACHSEN

Gott, unser Schöpfer,
du lässt alles wachsen,
vom winzig kleinen Samenkorn
bis zum riesengroßen Baum,
vom Baby im Bauch der Mutter
bis zu einem großen Kind.
Und auch die Erwachsenen
lässt du noch weiter wachsen.
Jeden Tag
kann etwas Neues entstehen!
Guter Gott, du willst,
dass wir lebendig sind.
Wir danken dir,
dass du uns wachsen lässt!
Amen.

Charlotte Scheller

Ausgangshaltung: ineinander gefaltete Hände, Gebetshaltung
„Vater unser im Himmel, …"
Hände lösen sich, Arme geöffnet nach oben („Himmel") heben
(„Orante"-Haltung)
„… geheiligt werde dein Name."
Die Arme herunternehmen und die Hand-Innenflächen aneinander
halten (bittende Hände).
„Dein Reich komme."
Mit rechtem Arm und rechter Hand eine ausladende Bewegung von
links nach rechts machen (einen Halbkreis beschreibend).
„Dein Wille geschehe, wie im Himmel, so auf Erden."
Beide Hände nach oben („Himmel") nehmen, nebeneinander halten
und von dort einen großen Kreis („Erde") beschreiben, bis …
„Unser tägliches Brot gib uns heute."
… beide Hände zu einer „offenen Schale" zusammentreffen;
„empfangende Hände".
„Und vergib uns unsere Schuld, …"
Hände vorm Oberkörper verschränken (linke Hand auf rechte Schulter
und umgekehrt), dabei den Kopf nach unten senken.
„… wie auch wir vergeben unsern Schuldigern."
Hände von der eigenen Schulter lösen und links und rechts seinem
Nachbarn / seiner Nachbarin auf die Schulter legen.
„Und führe uns nicht in Versuchung."
Hände von den Nachbarschultern nehmen und Fäuste bilden, die sich
gegen die der Nachbarn stellen.
„Sondern erlöse uns von dem Bösen."
Gegeneinander gerichtete Fäuste auflösen, Hände der Nachbarn rechts
und links fassen.
„Denn dein ist das Reich …"
(s.o.) Mit rechter Hand eine ausladende Bewegung von links nach rechts
machen.
„… und die Kraft …"
Linken und rechten Arm seitlich anwinkeln; „Muskeln zeigen".
„… und die Herrlichkeit …"
Arme weit zur Seite öffnen.
„… in Ewigkeit. Amen."
Geöffnete Arme nach oben „gen Himmel"; danach zum „Amen" Hände
wieder falten.

Holger Kiesé

Lob-Gebet

Wir sind heute in Gottes Namen versammelt. Lasst uns deshalb Gott loben.
Wir rufen jeweils alle gemeinsam „Wir loben dich, Gott!" und machen dazu eine Bewegung, eine Geste, die ich jeweils ansage.

(Alle:) *Wir loben dich, Gott ...*
(Liturg/in:) ... wenn wir mit unseren Händen klatschen. (...)

(Alle:) *Wir loben dich, Gott ...*
(Liturg/in:) ... wenn wir mit unseren Füßen trampeln. (...)

(Alle:) *Wir loben dich, Gott ...*
(Liturg/in:) ... wenn wir mit unseren Augen sehen. (...)

(Alle:) *Wir loben dich, Gott ...*
(Liturg/in:) ... wenn wir mit unseren Ohren hören. (...)

(Alle:) *Wir loben dich, Gott ...*
(Liturg/in:) ... wenn wir uns schlafen legen. (...)

(Alle:) *Wir loben dich, Gott ...*
(Liturg/in:) ... wenn wir wieder aufwachen. (...)

(Alle:) *Wir loben dich, Gott ...*
(Liturg/in:) ... wenn wir uns wieder vertragen und die Hand zur Freundschaft reichen. (...)

(Alle:) *Wir loben dich, Gott ...*
(Liturg/in:) ...wenn wir uns lieb haben und uns umarmen. (...) – Amen!
(Alle:) Amen!

Holger Kiesé

SEGEN

SEGENSWORT MIT GESTEN

„Gott, du bist innen …"
Arme vor der Brust kreuzen

„… und außen …"
Arme zur Seite strecken

„… und um mich herum."
einmal drehen

„Du gibst meinen Beinen festen Stand."
fest auftreten

„Dein Segen hält mich geborgen in deiner Hand – Amen."
Hände der Nachbarn rechts und links fassen

Jutta Holst

Beginn: Kinder und Erwachsene stehen im Kreis, ohne sich anzufassen; die Erwachsenen gehen dabei in die Hocke, um mit den Kindern in Augenhöhe zu sein.

Die Straße komme dir entgegen.
Arme ausstrecken, dann die offenen
Handflächen bis vors Gesicht führen.

Die Sonne scheine warm in dein Gesicht.
Das Gesicht nach oben, „der Sonne entgegen",
halten; mit den Fingern sanft darüberstreichen.

Der Regen falle sanft auf deine Schultern.
Mit den Fingern „Regentropfen" auf die Schultern der
Nachbarin/des Nachbarn trommeln.

Der Wind stärke dir den Rücken.
Die Hände hinter den Rücken der Nachbarn zur Rechten
und zur Linken führen, mit den ausgebreiteten Händen
von hinten „Wind" schöpfen, dann je eine Hand fest in
den Rücken des Nachbarn/der Nachbarin legen.

Und Gott halte dich schützend in seiner Hand,
Mit beiden Händen vor dem eigenen Bauch eine Schale
formen.

bis wir uns wiedersehen.
Zum Kreis durchfassen, einmal die Hände
der Nachbarn drücken.

Meike Drude

DIE MARTINSPUPPE

Unangefochtener Star unserer vierteljährlichen Krabbelgottesdienste ist „der Martin". Er heißt so, weil wir die Ev.-luth. *Martins*kirchengemeinde Engelbostel-Schulenburg sind und er in der Martinskirche wohnt. Martin ist nicht mehr und nicht weniger als eine große Stabpuppe, welche in den Krabbelgottesdiensten mal von der einen, mal von einer anderen Mutter aus einer unserer Eltern-Kind-Guppen gespielt wird.

Die Puppe selbst ist aus einfachen Elementen zusammengebaut: Auf einem ca. 50 cm langen Holzstab sitzt als Kopf eine große Styroporkugel (ca. 20 cm Durchmesser), in der Mitte der Kugel ist mit Stecknadeln eine kleine Styroporkugel (ca. 2 cm Durchmesser) als Nase befestigt. Gesicht und Nase sind rosafarben bemalt; Mund und Augen wurden annähernd naturgetreu auf Papier aufgemalt, ausgeschnitten und auf die große Kugel aufgeklebt. Die Haare und ein wenig Bart sind aus grober brauner Wolle. Schließlich ziert noch eine Brille aus gebogenem Blumendraht das Gesicht. An der Stelle, wo der Holzstab in die Kugel geht, ist ein großer Umhang aus buntem Stoff befestigt, welcher noch auf

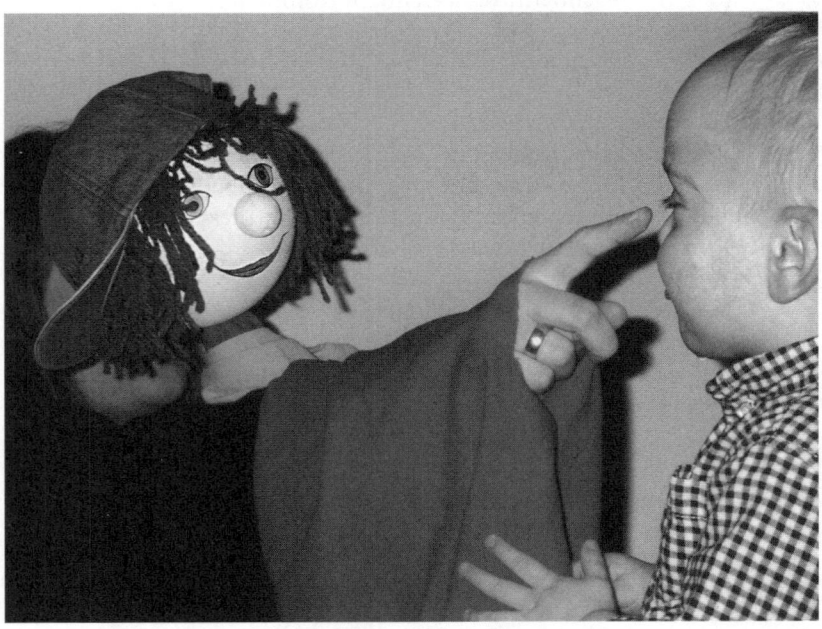

Nach dem Vorbild der Martinspuppe: Stabpuppe Steffen

mittlerer Höhe an der Seite einen Schlitz hat, damit eine Hand der Spielerin herausgucken kann, die andere wird ja zum Halten des Holzstabes und zum Bewegen der Puppe benutzt. Unser Martin trägt am Hals noch eine lustige Fliege.

Die Martinspuppe darf bei keinem Krabbelgottesdienst fehlen. Stellt sie doch die Verbindung zwischen den Kindern und dem Kirchraum, dem Gottesdienstgeschehen her und auch die Verbindung mit dem Alltags-Erleben der Kinder und dem Thema des jeweiligen Krabbelgottesdienstes. So gibt es in jedem Gottesdienst ein kleines Anspiel (der Text wurde vorher ausgearbeitet) z.B. in Form eines Gespräches zwischen Martin, dem Liturgen und den Kindern. Das Anspiel setzt häufig bei irgendwelchen Alltagsbegebenheiten an oder bei merkwürdigen Erlebnissen, die der Martin seit dem letzten Krabbelgottesdienst gehabt hat. Oder er kommt in einer bestimmten Gefühlslage an. Alles das führt immer auf das Thema oder die biblische Erzählung hin, die entweder nach dem Anspiel kommt oder in das Anspiel eingebaut ist.

Das Auftreten von Martin variiert – je nach Situation, Thema und Kirchenjahreszeit. Beim Thema „Nikolaus" zum Beispiel erscheint er in Wintermütze, probiert dann weitere Kopfbedeckungen aus, bis er eine Bischofsmütze, eine Mitra aufsetzt, wodurch wir schon beim Thema sind … Im Herbst kommt er mit Kastanien und Blättern im Gepäck an, in der Passionszeit taucht Martin beispielsweise in einer gedrückten, traurigen Stimmung auf. Das eine Mal sitzt Martin bereits zu Beginn des Krabbelgottesdienstes da, ein anderes Mal erscheint er plötzlich nach dem Eingangsgebet, wieder ein anderes Mal müssen die Kinder ihn rufend wecken („Martin, Martin!"), bis dieser dann verlegen von oben hinter der Orgelempore hervorguckt.

Wie viel „Respekt" die Kleinsten vor dieser Puppe haben, zeigen die Kirchenbesichtigungen mit Eltern-Kind-Gruppen: Wenn ich u. a. zeige, „wo der Martin schläft" (sprich: aufbewahrt wird), nämlich in der Sakristei, und die Kinder einmal ganz nahe die Puppe vor sich haben, die ich dann „zum Leben erwecke", dann gibt es schon hin und wieder ein erschrockenes Gesicht bei einem Kind oder auch ein paar Tränen. Doch wenn die Kinder merken, dass es sich nur um eine Puppe handelt, die man auch anfassen kann und die ganz lieb ist, ist der Schreck schnell verflogen – und die Kinder wie die Eltern freuen sich auf die nächste Begegnung mit Martin – alsbald beim Krabbelgottesdienst.

Holger Kiesé

D

LIEDER

1 Kommt, wir woll'n zur Krippe geh'n

Kommt, wir woll'n zur Krip-pe geh'n, fasst euch al-le an!

Ha-se, Schildkrö-te und Bär, Kind und Frau und Mann.

2 Wenn das Weizenkorn in die Erde fällt (zu Joh. 12,24)

Wenn das Weizen-korn in die Erde fällt und stirbt,

dann wächst, dann wächst ein neues Le-ben!

3 Ja, Gott hat alle Kinder lieb - Kehrvers und Namensrufe

Ja, Gott hat al-le Kin-der lieb, je-des Kind in je-dem

Land, er kennt al-le uns-re Na-men, al-le uns-re Na-men,

hält uns al-le, al-le in der Hand. Simon, An-ne-ke,

Se-bas-ti-an, Johan-na! Ja...

4 Kommt und freut euch
Ein Lied für Kleine und Große

2. Kommt und freut euch, winkt mit den Händen,
kommt und freut euch, Gott hat uns lieb.

3. Kommt und freut euch, lächelt euch zu,
kommt und freut euch, Gott hat euch lieb.

4. Kommt und freut euch, stampft mit den Füßen,
kommt und freut euch, Gott hat uns lieb.

5. Kommt und freut euch, dreht euch im Kreise,
kommt und freut euch, Gott hat euch lieb.

6. Kommt und freut euch, springt in die Höhe,
kommt und freut euch, Gott hat uns lieb.

7. Kommt und freut euch, reicht euch die Hände,
kommt und freut euch, Gott hat euch lieb.

5 Glaube wie ein Senfkorn Matthäus 17,20

6 Willkommen in der Kirche!

Al - le Leu-te, jung und alt, will - kom-men in der Kir-che!

Al - le Leu-te, groß und klein, wir wol-len fröh-lich sein!

La - la - lei, la - la - lei, la - la - la - la - lei; ob

klein o - der groß: bei uns hier ist was los!

STROPHE
1. Wir la-chen und sin-gen und hö-ren die Ge-schich-ten, die von

Gott und der Welt und von Je-sus uns be- rich-ten. D.C.

2. Wir beten und basteln und klatschen zu den Liedern, und
weil es uns Spaß macht, (ϟ) kommen wir gern wieder!

3. Wir freu'n uns und sind hier in Gottes, Jesu Namen, und
wenn wir am Schluss sind, (ϟ) sagen wir laut „Amen!"

(✗ = klatschen!)

7 Zachäus, kleiner Mann (Liedrufe)

1. Za-chä-us, kleiner Mann, sieh uns nicht so böse an!
2. Za-chä-us, steig her-ab, Jesus will dich se-hen!
3. Za-chä-us, lad' uns ein, Jesus will heut' bei dir sein!

8 Alle guten Gaben-Tischgebet

1. Al-le gu-ten Ga-ben,
2. al-les, was wir ha-ben
3. kommt, o Gott, von dir. Wir
4. danken dir da-für.

9 Wir loben Gott und sagen Dank

1 Wir lo-ben Gott und sa-gen Dank

2 für al-les, auch für Speis'und Trank

3 in Jesu Na-men. A — men,

4 in Jesu Na-men. A — men!

LITERATUR

Meine Bilderbibel, Deutsche Bibelgesellschaft Stuttgart, Zeichnungen von Kees de Kort, Stuttgart 1990 (zitiert: Meine Bilderbibel).

Bibelbilderbuch. Bd. 1, Deutsche Bibelgesellschaft Stuttgart, Zeichnungen von Kees de Kort, Stuttgart 1984 (Sammelband aus der mehrbändigen Reihe „Was uns die Bibel erzählt", für Kinder ab 4 Jahren) (zitiert: Bibelbilderbuch, Bd. 1).

Die große bunte Kinderbibel, von Detlev Block, Illustrationen von Gisela Röder, Loewe Verlag, Bindlach, 2. Aufl. 1996 (zitiert: Die große bunte Kinderbibel).

Lionni, Leo: Frederick, Middelhauve, München 1967/68.

Helmchen-Menke, Heike: Gott entdecken Schritt für Schritt, Herder, Freiburg i.B. 1998, S. 17–41.

Grom, Bernhard: Religionspsychologie, Kösel, München 1992, S. 229–244.

Schweitzer, Friedrich: Lebensgeschichte und Religion, Kaiser, München, 2. Aufl. 1991.

LIEDERBÜCHER

Evangelisches Gesangbuch. Ausgabe für die Evangelisch-Lutherischen Kirchen in Niedersachsen und für die Bremische Evangelische Kirche, Hannover und Göttingen 1994 (zitiert: EG bzw. EG-NB).

Mein Liederbuch für heute und morgen, hg. vom Arbeitskreis für kulturelle Bildung und Medienarbeit der Jugendkammer der Evangelischen Kirche im Rheinland, 6. Aufl., Düsseldorf 1989 (zitiert: ML).

Mein Kanonbuch, zusammengestellt von Bernward Hoffmann und Christoph Lehmann, tvd-Verlag, Düsseldorf 1986 (zitiert: MK).

Das Liederbuch zum Umhängen. 100 der schönsten religiösen Kinderlieder, Menschenkinder Verlag, 6. Aufl., Münster 1999 (zitiert: LzU).

Grüger, Johannes: Die große bunte Liederfibel, Patmos Verlag, 5. Aufl., Düsseldorf 1996 (zitiert: PL).

Menschenskinderlieder. Ein Liederbuch zu den Kinderkirchentagen und darüber hinaus, Beratungsstelle für Gestaltung von Gottesdiensten und anderen Gottesdienstveranstaltungen, Eschersheimer Landstraße 565, 60431 Frankfurt, 17. Aufl. 1996 (zitiert: MKL).

Horn, Reinhard/Bücken, Eckhart: Welt-Lieder für Kinder, Kontakte Musikverlag, Lippstadt 1998 (zitiert: WL).

Horn, Reinhard/Bücken, Eckhart: Welt-Weihnachtslieder für Kinder, Kontakte Musikverlag, Lippstadt 2000 (zitiert: WW).

QUELLEN

S. 69–72, © Middelhauve Verlags GmbH, München.

S. 165, Lied 1: Text und Melodie: Eltern-Kind-Gruppe der Stephanusge-meinde Göttingen. – Lied 2: Text und Melodie: Charlotte Scheller. – Lied 3: Text und Melodie: Margret Birkenfeld, © 1975 Musikverlag Klaus Gerth Asslar, Namensrufe: mündlich überliefert.

S. 166, Lied 4: Text und Musik: Holger Kiesé. – Lied 5: Text und Musik: Uwe Lal, aus: Du bist spitze Nr. 118, © ABAKUS Musik Barbara Fietz, 35753 Greifenstein.

S. 167, Lied 6: Text und Musik: Holger Kiesé.

S. 168, Lied 7: Text und Melodie: Charlotte Scheller. – Lied 8: Text: EG 463, Musik: Holger Kiesé 1992.

S. 169, Lied 9: Text und Musik: Holger Kiesé 1983.